沒有不好的你

風行全球的內在家庭系統IFS徹底翻轉你我的生命

IFS療法創始人
Richard C. Schwartz
里查・史華茲 著
魯宓 譯

No Bad Parts
Healing Trauma & Restoring Wholeness with the Internal Family Systems Model

PART 1 內在家庭系統

PART 2

眞我領導，回歸完整的你

PART 3
身體內的眞我 vs. 世界中的眞我

你的內在有個大家庭

內在家庭系統療法（Internal Family Systems, 簡稱 IFS）是里查．史華茲博士承自家族系統療法，在與個案諮商時，從他們的反饋中啓發的最新型心理治療法，認為我們每個人的心理狀態都是由不同的內在部分各司其職所組成的，就像一個大家庭。在這個家庭中，除了你自己，也就是主宰我們真實意識的真我（Self）之外，還有三個主要角色：流放者（exiles）、管理員（Managers）、消防員（Firefighters）。

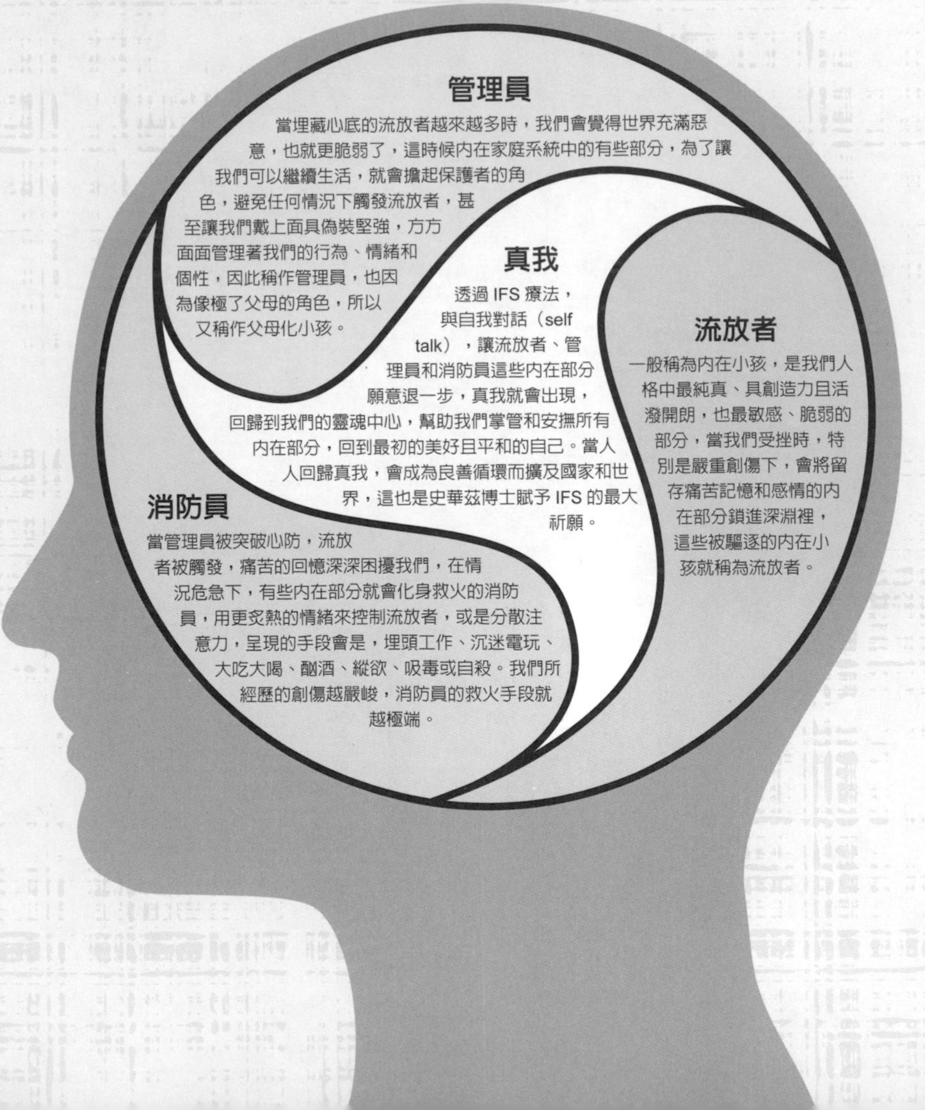
管理員
當埋藏心底的流放者越來越多時，我們會覺得世界充滿惡意，也就更脆弱了，這時候內在家庭系統中的有些部分，為了讓我們可以繼續生活，就會擔起保護者的角色，避免任何情況下觸發流放者，甚至讓我們戴上面具偽裝堅強，方方面面管理著我們的行為、情緒和個性，因此稱作管理員，也因為像極了父母的角色，所以又稱作父母化小孩。
真我
透過 IFS 療法，與自我對話（self talk），讓流放者、管理員和消防員這些內在部分願意退一步，真我就會出現，回歸到我們的靈魂中心，幫助我們掌管和安撫所有內在部分，回到最初的美好且平和的自己。當人人回歸真我，會成為良善循環而擴及國家和世界，這也是史華茲博士賦予 IFS 的最大祈願。
流放者
一般稱為內在小孩，是我們人格中最純真、具創造力且活潑開朗，也最敏感、脆弱的部分，當我們受挫時，特別是嚴重創傷下，會將留存痛苦記憶和感情的內在部分鎖進深淵裡，這些被驅逐的內在小孩就稱為流放者。
消防員
當管理員被突破心防，流放者被觸發，痛苦的回憶深深困擾我們，在情況危急下，有些內在部分就會化身救火的消防員，用更炙熱的情緒來控制流放者，或是分散注意力，呈現的手段會是，埋頭工作、沉迷電玩、大吃大喝、酗酒、縱欲、吸毒或自殺。我們所經歷的創傷越嚴峻，消防員的救火手段就越極端。

〈各界讚譽推薦〉

「極貴重的禮物——昇華、慈悲與智慧。這些單純而傑出的教誨將開啓你的心智，解放你的靈魂與心。」

——傑克・康菲爾德博士（Jack Kornfield, PHD，享譽世界的知名禪修大師，著有《踏上心靈幽徑》《當下即自由》等多部暢銷佳作）

「內在家庭系統療法，了解我們全都有可貴的內在部分被迫扮演極端角色來處理痛苦與失望，這是創痛治療上最偉大的進展之一。了解它們在我們求生時扮演的角色，能夠放下原始的創痛負擔，帶來自我慈悲與內在和諧。我們所有的內在部分都受歡迎，這是革命性的理念，帶來了自我接納與自我領導。內在家庭系統是有效與持久創痛治療的基石。」

——貝賽爾・范德寇醫生（Bessel Van Der Kolk, MD，創傷後壓力研究先驅、精神科醫師，著有《心靈的傷，身體會記住》等多部作品）

「在這本簡短與易讀的書中，里查．史華茲博士清晰說明了他的內在家庭系統模式，這是當今最有創意、最直覺、最全面，最能帶來轉變的療法。」

——嘉柏．麥特醫生（Gabor Maté, MD，加拿大知名醫師兼暢銷作家，探索創傷對生理與精神狀態的影響，如成癮問題的專家，代表作《癮，駛往地獄的列車，該如何跳下？》）

「我們要如何去愛那些傷害我們自己或他人的內在部分？我們要如何解決我們的內在衝突，才能參與療癒一個分裂的世界？要如何喚醒內在的神聖，而不閃避人性？要如何療癒創痛，及其導致的慢性生理與心理疾病？不知道如何去做，就只能無助地去達成我們所希望的健康與核心價值。但，現在不用等了。這本書提供了眾人期待的『如何去做？』幫助你我打開心胸接受，甚至是最具破壞性的內在部分，讓你的神聖眞我可以對它們慈悲，同時領導達成完整。內在家庭系統徹底改變了遊戲規則。我毫不誇張地說，這可能是你所讀過最有轉變效果的書。」

——麗莎．蘭金醫生（Lissa Rankin, MD，身心靈醫師、作家，代表作品有《心靈更勝藥物》《假面恐懼》等）

「從佛洛伊德以來，心理治療就把心靈看成有不同的部分，但里查．史華茲將這個概念提升到了藝術層次。他宣稱所有的內在部分，不管多麼的被誤導，都有其目標，應該要慈悲以待而不是敵對，這種說法簡直是革命。我認爲本書是他最清楚、最周詳、最啓發人的宣言。任何對內在家庭系統感興趣，亦即想要更快樂、衝突更少的生活的人，都應該詳讀這本改變生命的先驅之作。」

——泰瑞．瑞爾（Terry Real，全球知名的家庭治療師、作家，著有《*The New Rules of Marriage*》等作品）

「內在家庭系統，提供了高度有效、有幫助、與提升心靈的模式來了解與療癒創痛，這是心理治療上的革命。在這本精采的書中，里查．史華茲提供了內在家庭系統的基本觀念，一系列練習來幫助你學習用開放與慈悲的方式來面對一切內在部分，甚至是你最畏懼與最極端的，同時也提出內在家庭系統的奇妙靈性意涵。這種作法將徹底改變你如何對待自己與其他人！」

——黛安．波爾．海勒博士（Diane Poole Heller, PHD，知名治療師、作家，著有《*The Power of Attachmen*》等作品）

「你想要更有智慧，更慈悲，更自在平靜，與其他人有更深的連結？本書將告訴你怎麼做。根據數十年的臨床經驗與思考，史華茲博士提出了有力量，實際的按部就班作法來療癒過去的創痛，揭露我們與生俱來的愛、清明、溫暖與覺醒的能力。想要有更豐富、自由、愉悅與連結的生活，必讀此書。」

——朗納．德．席格爾心理學博士（Ronald D. Siegel, PSYD，哈佛醫學院心理學助理教授、作家著有《*The Mindfulness Solution*》等作品）

「走在街上，看到一個不認識的孩子，有著這些情況，好奇一下我們可能的反應會是什麼？『心情不好』『看起來吃得很撐，還是不停吃東西』『想傷害自己』……有沒有可能『他也不想要總是心情不好』『他也不想要一直吃東西』『他也不想要結束生命』憂鬱、想死、飲食失調，背負這些負擔的孩子，你會想關心嗎？要甩掉的是這些負擔，而不是內在小孩。內在小孩不是負擔，過去經驗留下的情緒、信念、身體感受才是。協助內在小孩放下負擔，也協助了自己擺脫過去束縛。」

——李政洋醫師（李政洋身心診所院長、國際EMDR協會認證治療師）

〈推薦序〉

IFS療法讓我們的心不再受苦

艾拉妮絲・莫莉塞特（Alanis Morissette）

記得第一次得知里查的內在家庭系統療法時，我決定搭機前往北卡羅萊納州阿什維爾，那時我正處於第二次產後憂鬱症期間，希望能夠解決過度工作、不斷抱怨、慣性反應過度等導致的心力交瘁。儘管忙碌的生活方式，會對我們的身體、情緒與人際關係都帶來傷害，卻是越來越常態化且受人讚揚。我在阿什維爾與精神治療師布萊恩・羅賓森（Bryan Robinson）相處了幾天，他是治療工作成癮的專家。我很願意檢視我的內在世界有什麼東西讓我僵化了，卻又瘋狂地踩著越來越快速的生活飛輪前進。我清楚記得在一次深入討論時，我看著布萊恩，問他：「這究竟是什麼？」他說：「這就是內在家庭系統。」這種療法的溫馨與包容使我微笑。我很輕鬆就找到了自己的意識基座（真我），當我與內在的許多不同部分進行對話時，發現其中有些長期以來一直渴望得到關注。內在家庭系統療法讓我找到一個錨，一個溫暖中立與好奇的見證，一種幾乎不可能靠自己來給予的「自我慈悲」（self-compassion）。

從我有記憶以來，我就是個「部分女孩」，一直都很在意既複雜又脆弱，多重而迷人的人類本質。當我開始進行內在家庭系統療法，便深受這個理論所吸引，認眞的關注內心的每一個「部分」，讓它們呈現出可愛、恐怖、不安與有時痛苦的面貌，以求回歸到出生時的完整樣態。讓我感到欣慰的是，我的憤怒部分與我的母親部分，我的藝術家部分與我的財務負責（或不負責）部分，還有我的自由精神部分都可以帶給我智慧，只要我能對它們敞開內心與好奇。每一個部分——不管看起來有多可怕或神秘或有啓發，都能夠提供智慧與慰藉，以及願景。我把這些內在部分視爲信使，與它們對話能得到有助益的開導與了解。我的許多「自我」將可以溶入我的日常人格與生活中，這些內在部分甚至可以彼此對話，由我的最高自我來協助。如此一來，就會讓我生活中似乎無法克服的複雜問題變得清晰、激發理念或找到答案。在我透過語言、文字、行動與藝術來與內在許多部分溝通時，尤其是那些最讓我害怕的內在部分，這些答案會來得又快又猛。

在我的內在世界中，我遇到了想殺人的憤怒、慚愧、恐懼、沮喪、心痛、渴望、羞辱，以及悲傷。除了這些「黑暗」或「壞」部分想讓我陷入宿命的循環與痛苦的習慣外，相對的也有「光明」或「好」部分需要我鼓起勇氣，接納這些願景的部分、慷慨的部分、理智的部分、領導的部分，以及有天賦、敏銳與同情的部分。有些內在部分似乎比較容易相互對話。有些卻對彼此擁抱感到害怕或受到威脅。我越深入里查的內在家庭系統療法，就越體認到他說的話與教導都是對的。每一個內在部分，不管外表多麼可怕，多麼隱密、困惑或痛苦，都有很棒的意願，潛藏著對我有所幫助的訊息。毫無例外，每一個內在部分，不管是流放者、管理員或保護者，都帶著來自於我心裡最高眞我的智慧訊息，只要我能花時間與它們相處。

在我逐漸熟悉內在家庭系統的過程中，心裡產生了一股強烈的靈性。這是靈魂的獎勵，容許這種好奇心逐漸打開我被束縛的心。我看到這個與所有其他自我部分對話的眞我——是我／靈魂，在這種覺知中讓我對神／愛／靈／慈悲有了直接的身體感覺。在我找到了眞我這個基座時，我發現眞實的對話開始了，感受到內在家庭系統的八個核心本質：創意、勇氣、好奇、連結、慈悲、清明、平靜、自信。我一輩子感到畏懼的事情（進入內在來負起責任，質疑我的渴望、衝動、觸發與反應），慢慢的變得有趣且刺激。里查把我讀過的所有榮格與陰影理論帶到了完全不同的療癒層次。

我很感激里查持續在全世界推廣內在家庭系統。看他進行內在家庭系統療法是非常溫暖與令人感動的。我相信我們現在更是需要內在家庭系統。他的理論讓我們培養出仁慈、智慧與力量，只要我們願意往內心尋找，這個療法將使我們的所有內在部分都攤在陽光下。關注我們最需要被關注的內在部分，就會啓動眞正的療癒。當我們對自己眞我的慈悲逐漸成長，慢慢的，而且可以確定地一定會影響到外在的世界，響應我們爲成長付出的努力，朝向一個沒有分化、衝突與不必受苦的世界。我們將會看到我們細膩而燦爛的人性，並且樂意與所有人共享。

（本文作者爲全球知名的搖滾歌手，曾獲七座葛萊美獎，一九九五年發行的另類搖滾專輯《小碎藥丸》，熱銷破三千三百萬張是史上銷量最高專輯之一，媒體譽爲「第一憤怒女聲」。）

〈推薦序〉

用不一樣的眼光，理解你的內心世界

留佩萱

當收到究竟出版社的邀約，寫《沒有不好的你》（*No Bad Parts*）這本書的推薦序時，我非常驚喜。我拿起書架上《*No Bad Parts*》這本書，翻閱著去年閱讀時做的記號、摺痕、畫線，我想著：我要怎麼寫這篇推薦序，讓讀者更能理解書中內容呢？

這本書介紹的是台灣讀者可能不熟悉的一種心理療法，稱作「內在家庭系統」（Internal Family System，簡稱IFS），這本書的作者里查．史華茲博士，正是IFS療法的創辦人。能介紹這本書讓我非常開心，因為我自己是一位IFS治療師，從二〇一五年開始學習IFS、這是諮商中我主要使用的治療模式，也不斷看到個案們因爲IFS療法所做的轉變，自己也因爲IFS而改變。我非常喜歡IFS，過去幾年來讀遍所有IFS英文書籍、上了許多課程、目前也在寫一本IFS書籍，我很興奮地想把IFS療法介紹給台灣的大家。

另一方面，介紹IFS也讓我很緊張，和一般西方心理學強調的單一心智不同，IFS認為我們是多重心智，也就是說，我們內心都住著許多「人格」（IFS裡稱作「部分」或是「次人格」），這些住在我們心裡的人們，有各自攜帶的想法、情緒、信念、行為……就如同電影《腦筋急轉彎》中小女孩萊利腦中有許多情緒角色，操控著主控台（譬如當「怒怒」操控主控台時，小女孩萊利就會展現憤怒）。我們的內在部分也是一樣——不同內在人格操控主控台，影響我們的情緒、想法和行為。

學習IFS後，讓我開始用完全不同的角度看待個案議題。那些讓你感到困擾的行為——自我批評、解離、暴飲暴食、自殘、成癮行為、過度工作、完美主義、不願意親近人、討好人、總是滿足別人的需求……這些行為都是來自你的內在部分，而他們會這麼做都是想要幫助你。這些部分大多被凍結在過去傷痛中，他們不知道你已經長大了、擁有更多資源和能力了，還以為需要繼續做這些行為來保護你。

身為一位IFS治療師，我要做的是帶領著個案去認識自己的內在部分、好好傾聽與理解他們、去和他們對話，並與這些內在人格建立良好關係。我猜想你可能聽過「內在小孩」，而IFS說，你內心不僅僅有內在小孩，而是有一整個內在大家庭——這些居住在你內心的人們有不同年紀、想法和行為。就如同這本書的書名《沒有不好的你》，IFS認為每個內在部分都是想保護我們，都是重要的、被歡迎的、值得好好被愛的，我們可以抱持著好奇心去了解他們為什麼要做這些行為，而不是對抗或趕走他們。

不管你過去受過多少傷痛，我們每一個人都有能力，重新去愛我們的內在部分。

或許你聽到「我們有多重人格」會覺得很緊張或質疑，有這些感覺也都是很正常的，過去這幾年我深深被IFS吸引，同時內心也有一個「質疑者」部分想著：「這是真的嗎？」「我要怎麼跟內在部分對話？」當然，這位「質疑者」部分偶爾還是會冒出來，但是我現在理解到，人的內心非常複雜奧秘，唯有我們真的實際走入內心、去傾聽，才會知道內心裡有什麼。

所以我也想邀請你，抱持著開放心胸，閱讀這本書，然後試試看用IFS的角度，更去理解你自己！

（本文作者為美國諮商教育與督導博士、IFS Level 1受訓治療師）

〈譯者序〉

每個人都是多重人格？

本書提供了一個很好的機會，讓讀者可以認識內在家庭系統。現身說法的不是別人，正是這個理論的創始者里查．史華茲博士。

史華茲博士在書中說：「初聽之下會覺得很有道理，但除非實際體驗，很難完全了解。」我覺得他說得太含蓄了。應該是初聽之下很有道理，但細思極恐，簡直是不可思議。也難怪史華茲博士自己承認，內在家庭系統雖然已有數十年的歷史，但還不被正統心理學所接受，甚至被當成旁門左道。因爲他把心理學當中的多重人格症狀視爲正常，認爲所有人基本上都有多重人格（內在部分）。從書上的「治療實錄」可看到他逐步深入個案的內心世界，一個一個召喚出不同的內在人格，揭開創痛的起源，駕輕就熟，讓人感到不可思議，嘆爲觀止，畢竟他是內在家庭系統的開山祖師爺。

但是對於沒有機會親身體驗的讀者，難免會覺得匪夷所思，還可能產生疑問：我們究竟是眞的有多重內在部分，或內在家庭系統把我們變成了多重人格？這會不會只是一種信仰的遊戲？

此時，內心有一個聲音告訴我，雖然我不是內在家庭系統的專家，但有一件事是我可以做，而專家可能難以做到：我可以嘗試用不專業的文字，以一個非信徒的觀點來表達我覺得內在家庭系統的奇特與可貴之處。這是翻譯之外的另一種轉譯。

內在家庭系統是史華茲博士從實際的心理治療中發展出來的，他採取了很直接的作法，把我們幽暗的潛意識加以具象化，賦予了種種不同的角色（保護者、流放者、管理員、消防員……），我們彷彿看到內心的種種矛盾意念化身為具體的人物。那些意念通常會為我們帶來負面的影響，不是扯後腿就是搞破壞，而我們通常置之不理，揮之而去，不然就是與之宣戰。但就像眞正的戰爭，結果通常都是兩敗俱傷，並且種下更多的惡因。

此時內在家庭系統正如其名，不把內心的矛盾意念當成敵人，而是當成眞正的家庭成員，給予基本的尊重與關愛，讓它們有了聲音，得到發言的機會。這種作法看似簡單，卻有著奇妙的效果：那些原本凶惡暴躁，或消沉叛逆的內在成員得到了接納，於是就有了改變的契機，可以放下長久以來的負擔，成為和諧內在家庭的一分子。也許不是一蹴可幾，但必然會有所改變。

也許有人會說：「這一切聽起來很有趣，但我實在無法想像自己要如何表現出那些不同的內在角色……」的確，這種事情似乎要活潑外向才做得到，但內心有困擾的人通常也不善於表達。如果連第一步都跨不出去，要如何展開內在旅程呢？

心中那個聲音說，不用擔心，其實我們每個人都有這種能力，每天晚上都會使用，完美表現出各種角色。沒錯，那就是我們作夢的能力。

眾所皆知，夢境是潛意識的舞台。我們在夢中的處境通常反映了內心的狀況，儘管夢境可能荒謬異常，我們在醒來之前也完全不會懷疑，完全入戲。所以，內在家庭系統召喚出我們的內在角色，其實只是運用了我們這種天生的戲劇能力，在清醒時使用了夢境的力量來直接處理我們潛意識的矛盾，而不是傳統心理分析那種穿鑿附會的解析，所以會有傳統心理分析所沒有的效果。

以上就是我的非專業有感而發，只希望能稍稍碰觸到內在家庭系統的奧妙。也許言之無物，但至少可以安撫我內心那個小聲音，也要在此感謝它的敦促，還有給我機會翻譯本書的究竟出版社，謝謝大家。

〈前言〉

內在家庭系統，也是一種生命練習

身為心理治療師，我碰到很多人在生活破碎之後來找我。一切本來都很好，直到突然心臟病發作、離婚或痛失子女。如果不是因為生活發生了劇變，他們絕不會想看治療師，因為他們認為自己很成功。發生劇變之後，他們無法找到同樣的動力或決心，原本努力的目標，如豪宅或名聲都失去了意義。他們感到失落與脆弱，不熟悉與可怕。但，就是這種時刻才能讓他們敞開自己。有些光線確可穿透保護層的裂縫。

這些事件可算是警鐘，如果可以，我想幫助他們不再受主宰生活的物質競爭所控制，並且能去探索內在的其餘部分。如此一來，我就可以幫助他們觸及到我所謂的「真我」：一種平靜、清明、慈悲與連結的本質，並從那裡開始傾聽他們被其他更強勢的內在部分所流放的內在部分。他們將會發現自己喜歡單純的樂趣，如享受大自然、閱讀、創意活動、與朋友玩耍、與伴侶或子女親密、服務他人等，並且決定改變生活，給予真我和新發現的內在部分更多的空間。

那些個案與我們並不是因爲不小心而被追求物質競爭的內在部分所控制。那些內在部分同樣也控制了地球上大多數的國家，尤其是美國。當我的個案被內在部分所控制，他們就不太會注意到自己對健康與人際關係所造成的傷害。同樣道理，執迷於無限制成長的國家也不太會注意到他們對人民，或對氣候與地球的衝擊。

不管是個人或國家，如此草率的追求，通常導致某種崩壞。我寫作本書時，全世界正處於新冠病毒疫害中，而這有可能成爲世人都需要的警鐘，讓未來不至於有更糟糕的後果。但目前仍有待觀察，領導者是否會利用這場痛苦的暫停來傾聽大多數人的苦難，學習合作而不是與其他國家競爭。對此，我們只能期待會有國家或發生國際性的改變，如我的個案經常做到的。

良善與互助是改變世界的火種

我們若沒有新的心智模式就無法達成必要的改變。生態學家丹尼爾·克里斯金·華爾（Daniel Christian Wahl）說：「人類已然成年，需要夠強大與有意義的新故事來促成全球的團結，對我們面臨的危機有集體的反應……在我們所處的互相連結與彼此依賴的行星系統中，照顧自己與親人的最好方法，就是開始多多關注團體的福祉（所有生命）。打個比方，我們都在同一條船上，我們的行星生命維持系統，或如理查．巴克敏斯特．富勒所稱的『地球號太空船』。國家，企業與個人之間的政治長久以來都是『敵我之間』，這是極為落伍的想法。」

前總統卡特也呼籲：「此時最需要的是領導者帶領我們離開恐懼，對人類天生的良善建立更大的信心。」但以我們目前對心智的了解，我們的領導者做不到，因為心智強調的是人性的黑暗。

我們需要新的模式來有效地展示人性的天生良善與徹底的連結。有了這個了解，我們就可以從自我、家庭與種族至上轉變為物種、生態與地球至上。

如此的轉變將不容易。我們的體制大多根基於黑暗觀點，例如新自由主義，米爾頓．傅利曼（Milton Friedman）的經濟哲學，鞏固了從雷根總統與柴契爾夫人當政以來的那種割喉式資本主義，被許多國家奉為圭臬。新自由主義相信人性基本自私，因此人人為己，適者生存。政府必須少管閒事，讓強者來幫助我們生存茁壯。這種經濟哲學帶來了嚴重的不平等，失去連結與兩極化，我們今日都深刻體驗到了。現在，我們應該要對人性建立一種新觀點，並釋放出彼此內心都有的互助與慈悲。

內在家庭系統的生命願景

這並不容易做到，對此我將在本書中提供積極的模式與一系列練習來協助眾人達成我們所需要的改變。不只是光聽我說，透過親身體驗這些練習，各位將能從中證實我對於心智本質的極正面假設。

我研發內在家庭系統超過四十年。內在家庭系統領我踏上一趟漫長而有趣的靈性旅程，這也是我極欲與大家分享的。這趟旅程轉變了我對自己、對人們、對人性良善本質，以及轉變可能性的信念。內在家庭系統隨著時光而轉變，從心理治療變成了某種靈修，雖然練習時毋須界定自己是在追求靈性。在其核心，內在家庭系統是對於內心（你的許多部分）與外在（你生活中的旁人）建立感情的方式，就此而言，內在家庭系統也是一種生命練習。你可以每天進行，時時刻刻，自己做或與他人一起做。

此時，你也許有一點存疑。畢竟，一本書一開始就有這麼偉大的願景。我只希望你的疑惑容許你有足夠的內在空間嘗試實踐這些理念一小段時間，包括一些練習，讓你可以親自驗證。根據我的經驗，如果沒有實際去做，你將很難相信內在家庭系統的確能實現，由己身的改變，最後達成大環境改變這個宏願。

PART 1

內在家庭系統

Chapter 1

人人都有多重面向

我們都是在單一心智／人格信仰系統中長大，認爲每個人都只有一個心智，從中產生不同的想法、情緒、衝動與渴望。這也是我曾經相信的模式，直到我不停地碰到個案教導我事實並非如此。因爲單一心智的觀點在人類史上如此權威與普遍，我們從不質疑它的眞實性。但，透過本書，我將協助你重新審視眞實的自己，邀請你嘗試不同的多重模式，體驗內在家庭系統所言的「你與所有人都是多重人格」。

我不是說你有多重人格障礙（＝解離性身分障礙 Dissociative Identity Disorder），且我眞心認爲被如此診斷的人與其他人並沒有太大差別。這些人的多重人格就是我在內在家庭系統中所稱的內在部分，而且我們所有人都有。唯一的差別在於，有解離性身分障礙的人承受過惡劣的虐待，他們的內在家庭系統比我們的更支離破碎，每一個內在部分都明顯獨立，比其他人的內在部分更極端化與連結斷裂。

換言之，我們生下來就有許多次人格（心智，sub-mind），不停地在我們心中互動。大致上我們稱之為思考，因為「部分」不停地互相交談，也與你交談，談你所做的事情，或辯論最好的行動等。記得當你面臨了難題，你好像聽到一部分說，「去做！」另一部分說，「你敢！」因為我們只以為那是思考上的衝突，不會去注意辯論背後的內在成員。內在家庭系統幫助你不僅注意到它們，也要你成為主動的內在領導者，而這是你的內在家庭系統所需要的。

把自己想成是多重人格，乍聽之下也許很怪異或瘋狂，但我希望你能明白，這其實相當有說服力。之所以令人困擾，不過是因為多重人格長年來被當成了疾病：一個有分離自主人格的人被視為病人或壞掉，他們的另類自我被視為創痛的產物——原先完整心智的碎片。從單一心智的觀點來看，我們的自然狀況會是一個完整的心智。除非碰上創痛而碎裂，如破掉的花瓶。

單一心智模式導致我們畏懼自己的內在部分，把它們視為病態。我們嘗試控制被當成困擾的思維與情緒，而且我們只會對那些衝動進行對抗、忽略、管教、隱藏或感覺羞愧，而不去做我們眞正想做的，然後因為無法控制它們而指責自己。換言之，我們討厭那些阻擋我們的東西。

這種作法若要有效，只有當你把這些內在阻礙當成來自於你的單一心智的非理性雜念或極端情緒。例如，如果你畏懼演講，你也許會用意志力來克服恐懼，或用理性思維來矯正。如果恐懼持續，你也許會更加嘗試控制，批評自己是懦夫，讓自己變得麻木，或冥想來跨越恐懼。當這些方法都不奏效時，你就會改變生活來適應——避免公開發言的情況，感覺自己失敗，不知道自己有什麼問題。更糟的是，你去找治療師，為你的單一心智困擾做出診斷。診斷會讓你感覺有缺陷、自尊低落，而你的羞愧將使你隱藏任何缺點，極力對世界呈現完美的形象。或是，你會逃避人際交流，因為擔心人們看穿你的假面，對你做出評斷。你認同了你的缺點，認為真實的你有缺陷，如果其他人看到真實的你，他們會感到厭惡。

「有人問我是否準備好改變我的生命，我並不真的了解他們的意思。不僅是讓陌生人都知道我是誰，而是其他事情也開始發生在我身上：當我看著他們的眼睛，我腦中有個小小的聲音問，『如果你真的知道我是誰，你是否還想認識我？如果你知道我做過的一切？如果你能看到我所有的部分？』」

——摘自《酷男的異想世界》強納森．范奈斯（Jonathan Van Ness）自傳回憶錄

單一心智的歷史淵源

單一心智觀點，加上對於人類原始衝動的科學與宗教理論，創造出內在極化的背景。一個明顯的例子來自於有影響力的基督教神學家約翰·卡爾文（John Calvin，一五〇九～一五六四）：「我們的本性不僅極爲缺乏良善，而且充滿了各種邪惡，永遠無法平息……整個人，從頭頂到腳底，都非常浮腫，沒有任何其他東西，只有罪惡，因此一切來自於人的都算是罪。」這是被稱爲徹底墮落派（total depravity）教義，堅持只有透過神的恩典，我們才能逃離永遠受詛咒的命運。主流的新教與福音教派主張此類教義數百年之久，有很深的文化影響。天主教也有自己的「原罪」版本。

然而我們不能把這種想法完全怪罪到宗教上。歷代的哲學家與政治人物認爲原始衝動就隱藏在我們展現於世界的文明表象下。佛洛伊德對於精神治療有很重要的啓發，他的許多想法與內在家庭系統相符，他的驅力理論（drive theory）極有影響力，但對人性抱持著悲觀。認爲在心智呈現給世界的矯飾（veneer）之下藏有自私、攻擊與享樂的本能，無意識地控制我們的生活。荷蘭歷史學家羅格·布雷格曼（Rutger

Bregman）在著作《人慈》書中歸結這些對人性的假設：「認爲人類天生自私的教義在西方經典中有神聖的傳統。偉大的思想家如修昔底德、希波的奧古斯丁、馬基維利、霍布斯、馬丁・路德、加爾文、埃德蒙・伯克、邊沁、尼采、佛洛伊德，以及美國的開國元勳們，都有自己的文明矯飾理論。」

意志力vs.羞辱

美國文化一向強調意志力與自律，認爲我們應該能用意志力約束我們原始、衝動、有罪的心智。無數的自助書籍告訴我們，關鍵就在於增強控制自己的能力與發展更多的紀律。意志力的概念也有其歷史根基——維多利亞時代基督教強調要抗拒邪惡衝動。爲自己負責而不要找藉口，這句話就跟蘋果派一樣充滿了美國色彩。

很遺憾，我們對意志力的崇拜一直被政治人物與學者所利用，以擴大經濟上的差距。我們被教導窮人是因爲缺乏自律，而富人是因爲自律性高，儘管研究顯示事實相反。例如羅格・布雷格曼《改變每個人的三個狂熱夢想》書中指出的，低收入者只要得到足夠的錢來負擔基本生存需求後就變得有生產力。然而實情（尤其是考慮到目前疫情的經濟效應），是我們大多數人都可能隨時遭遇不測，這種威脅使我們的內在求生部分保持著緊張。

因爲這種意志力的道德已經內化，我們從很小就學到去羞辱與暴力對付我們不聽話的內在部分。我們要強迫它們就範。這種文化威權所召喚來的內在部分成爲了我們的內在魔鬼班長，也常成爲我們又愛又恨的內在批判者。這個聲音想要羞辱我們，或嘗試去趕走似乎應該羞辱的內在部分（讓我們憎惡他人，或讓我們染上毒癮的內在部分）。

我們經常發現越是努力去趕走情緒與意念，它們就變得越強。因爲內在部分就像人一樣會抵抗或驅逐羞辱。如果我們用懲罰性的自我紀律來約束它們，我們就會被僵化控制的內在魔鬼班長所主宰。我們也許會有紀律，但我們也會變得很無趣。因爲被放逐的內在部分（成癮、憤怒、性欲等）會趁虛而入取得控制，我們必須時時戒備可能啓動那些內在部分的任何人或任何情況。

強納森·范奈斯嘗試多次戒毒而失敗，他在自傳回憶錄自述：「成長時參加了太多次『十二步驟戒癮課程』，在戒癮與教堂中看過太多的戒欲教誨，我開始認爲要療癒就得捨身求法，但這不是我要的。我一直想解開性虐待、毒癮與創痛後壓力症候群，要我採用永遠不再抽大麻的作法並不是很有幫助……我不相信只要一旦成癮就終生成癮。我不相信成癮是一種終身服刑的疾病……就算你搞砸了，或無法堅持幾個月不碰，你也不是一敗塗地。」

有一些「十二步驟戒癮課程」並不是像范奈斯所碰到的那樣嚴格的信仰，團體治療是一個極好的環境，可以支持脆弱的人。還有一些「十二步驟戒癮課程」要求臣服於一種更高的力量，常可以讓內在的魔鬼班長軟化，甚至投降。我在這裡要說的更大觀點是，任何試圖讓內在魔鬼班長變本加厲羞辱你，以促使你守規矩的作法（或讓你感覺是個失敗者），對於內在家庭都沒有好處，就像外在家庭的父母採取羞辱手段來控制子女那般。

不要認爲這種對意志力的批判是代表內在家庭系統沒有內在紀律。就像外在家庭的子女，我們都有一些內在部分想要一些對自己或系統不好的東西。這裡的差異是，眞我對衝動的內在部分堅定說不，是出自於愛與耐心，就像理想的父母。除此之外，內在家庭系統中如果有內在部分取得了控制，我們不會羞辱它們。我們反而會感到好奇，用內在部分的衝動當成入口，找出驅動的需求來療癒。

內在部分沒有不好，更非阻礙或干擾

單一心智模式很容易讓我們畏懼或憎惡自己，因爲我們無法控制，我們相信自己只有一個心智（充滿了原始或有罪的層面）。我們努力想要控制而被困住，我們產生嚴苛的內在批判者指責我們的失敗。如范奈斯所言：「我花了太多時間把小傑克推開。我沒有滋養他，而是把他扯碎……學習當父母照顧自己，發揮安撫的同情心與愛……這是達到完整的關鍵。」

由於大多數心理治療師與靈修都採取這種單一心智的觀點，他們的對策通常鞏固這種作法，建議我們應該矯正非理性的信念或用冥想來消除，因爲這些信念被視爲我們單一心智所發出的阻礙。例如許多冥想把意念視爲害蟲，自我（ego）是一種阻礙或干擾，練習的人被指示要忽略或超越它們。

在某些印度教的傳統，自我被視爲女神瑪雅的僕人，她的目標是讓我們追求物質或享樂。她被視爲敵人，就像基督教教義裡撒旦一樣的女妖，讓我們依附著外在的幻象世界。

佛教的教誨用猴子心智來描述我們的意念在意識中胡亂跳躍，有如激動的猴子。如雷夫·德·拉·羅沙（Ralph De La Rosa）在《猴子是信使：冥想和忙碌的頭腦想告訴你什麼？》書中寫道，「會有人懷疑，猴子心智是全世界冥想者的痛處嗎？想要在冥想中得到紓解的人時常會把意念當成擾人的東西，原始的攪局者想從小門溜進來……在冥想的圈子中，猴子譬喻有一些非刻意的後果：思考的心智是骯髒原始低等的型態，對我們沒有真正的價值；只是一堆重複出現的垃圾。」

羅沙是最近挑戰靈修界把自我妖魔化的慣常作法的幾位作家之一，另一位是心理治療師麥特·黎卡塔（Matt Licata），他在著作《路徑無處不在：揭開藏在你心裡的寶石》寫道：

「自我」常被當成某種單獨存在的東西，有時會控制我們——某種討厭的，極不靈性的自大小人住在我們內在，導致我們做出很不文明的行爲，在生命中製造無盡的麻煩，阻礙了我們的進展。自我是非常讓人羞愧的，我們越有靈性就越努力想「擺脱自我」，超越自我，或與自我展開想像的靈性戰爭。如果我們仔細觀察，我們也許會看到自我就是吼著要我們擺脱自我的那些聲音。

這些被傳統稱爲自我的內在部分集合，其實只是想保護我們安全的保護者，對其他被我們鎖在內心，帶著情緒與過去創痛回憶的內在部分有所反應，而加以約束。

稍後我們將更仔細探討人們的一些靈修閃躲（spiritual bypassing）作法——這是約翰．威爾伍德（John Welwood）在一九八〇年代所說的。傑夫．布朗（Jeff Brown）在他的電影《業之末日》（*Karmageddon*）中探討了這個現象：「在我的童年之後，我需要某種靈修來抑制痛苦浮現……我把自我逃避與開悟搞混了。」事實上，佛陀開悟故事的重要訊息，是意念與欲望是開悟的主要障礙。他坐在菩提樹下冥想時遭受一連串的衝動與渴望襲擊：欲念、渴求、成就、悔恨、恐懼、不安等，只有加以忽略或抗拒，他才能開悟。

話雖如此，源於佛教的覺知練習（mindfulness）是正確的一步。讓人可以從一段距離之外觀察意念與情緒，而不是抗拒或忽略。對我而言，這是很好的第一步。但覺知不總是愉悅的。研究者訊問有經驗的冥想者，發現有相當大的比例經歷過不安的狀況，有時持續很久。最常見的情緒有：恐懼、焦慮、懷疑、冷漠、創痛回憶湧現。從內在家庭系統的觀點來說，覺知所帶來的意念平靜，是當控制我們生活（自我）的內在部分放鬆下來，讓我們想要埋藏（流放）的內在部分得以浮現，而帶出了它們背負的情緒、信念與回憶（負擔），這些負擔正是當初讓它們被鎖住、流放的眞相。我所知道的覺知練習大多接受單一心智模式，所以把這些狀況視爲紛亂念頭與情緒的暫時浮現，而不是受到了傷害，需要被傾聽與被愛的內在部分。

你爲何要跟意念與情緒對話？它們又無法回應，對吧？事實上它們可以。它們有很多重要的事情要告訴我們。

我如何發現與學習內在家庭系統？

起初我也跟大家一樣，認爲心智是單一的。我接受家庭治療師的訓練多年（事實上我有博士學位），而作爲家庭治療師，我們完全不去注意心智，認爲去撥弄內在世界的治療是浪費時間，因爲憑藉改變外在人際關係就可以改變一切。

唯一的問題是這種作法不管用。我做過關於暴食個案的結果調查，驚然發現他們會繼續暴食與嘔吐，不知道自己已經療癒。當我問他們爲什麼？他們提到他們的不同部分。他們說這些部分似乎能自主，彷彿能取得控制，要求他們去做他們不想做的事情。起初，我恐怕自己像是看到了多重人格障礙的疫情爆發，然後我開始傾聽自己，很震驚地發現我也有內在部分。事實上，我的一些內在部分相當極端。

因爲這樣，我開始感到好奇。我要個案描述他們的內在部分，他們不僅描述詳細，還說出這些內在部分會彼此互動、建立關係。有些會吵架，有些會結盟，有些會保護其他內在部分。一段時間之後，我領悟到自己正在學習一種內在系統，就像我所接觸的「外在」家庭一樣。於是我將它命名爲：內在家庭系統（The Internal Family System, IFS）。

這些暴食的個案提到一個內在批判者，會在他們犯錯時無情的指責他們，而那種指責又會觸發一個覺得失去怙恃、孤獨、空虛與無價值的內在部分。一體驗到那個無價值的內在部分所帶來的極大壓力，就像是爲了救援，他們會去暴食，會失去對身體的掌控力，變成一個無感覺的進食機器。然後這個批判者又會指責他們暴食，再次觸發無價值的部分，於是個案發現自己被困在惡性循環中數天之久，難以自拔。

剛開始時，我嘗試讓個案設法阻隔那些內在部分或制止它們。例如，我建議忽略那個內在批判者或與它爭論。但這個作法只是讓情況變得更糟，當時的我並不知道還能做些什麼，只能鼓勵個案更努力對抗，贏得內在的戰爭。

其中一位個案的內在部分逼她割腕了。好吧，我很難接受這個結果。那位個案與我在一次療程中跟那個內在部分糾纏了幾小時，直到它同意不再逼她割腕。那次治療讓我精疲力竭，但是很滿意我們贏得了戰爭。

然後到了下一次的療程。我打開門，看到來訪的個案臉上有一道大傷口。我的情緒崩潰了，脫口說出：「我放棄了，我被你打敗了。」沒想到那個內在部分也改口說：「我其實不想打敗你。」那個當下是IFS療法的歷史轉捩點。因爲我離開了控制位置，採取了更好奇的作法：「你爲什麼要這樣對待她？」那個內在部分開始談到它必須讓我的個案在受虐時脫離身體控制，控制那種憤怒只會爲她帶來更多受虐。我隨之轉變，改讚美它在個案生活中扮演的英勇角色。那個內在部分流淚痛哭地訴說「大家都把它妖魔化，想要趕走它。」那是它首次有機會說出自己的故事。

我告訴那個內在部分，過去它很有理由那麼做來拯救她的生命，但現在它爲什麼還要割她呢？它說必須保護她其他非常脆弱的內在部分，必須控制仍然存在的憤怒。它訴說這一切時，我開始明白那個割腕的內在部分並不活在當下。它似乎被凍結在受虐的情況中，認爲我的個案還是一個小女孩，遭遇了極大的危險，雖然她早已經不是孩子。

我開始明白，也許這些內在部分並非表面的模樣。也許就像在失調家庭中的孩子，它們被迫脫離自然而脆弱的階段，進入了有時帶著破壞性的角色，但它們覺得有必要來保護它們所處的系統與當事人。所以我開始嘗試幫助個案傾聽那些困擾的內在部分，而不是對抗它們，我很驚訝地發現那些內在部分都有類似的故事，它們在某個時間必須採取保護者的角色（這通常是它們所厭惡的），但感覺必須如此才能拯救個案。

我問那些內在保護者，如果它們相信自己不用再去保護，它們會想做什麼？它們通常會想去做跟目前角色相反的事情。內在批判者會想當啦啦隊或智慧顧問；極端的照顧者會想協助設下界限；憤怒的內在部分會想協助識別安全的內在部分。看起來不僅是內在部分並非表面的模樣之外，它們也有能力與資源來幫助個案，那是當它們被困在保護者角色時無法取得的。

累積數十年與數千位個案接觸經驗後（全球有數千位治療師進行IFS療法），我可以很放心地說，內在部分眞實存在。它們可以變得很極端，對一個人的生命造成很多傷害，但沒有任何內在部分是天生的惡。就算那些造成暴食、厭食、讓人自殺或殺人的內在部分，如果從覺知的位置（尊重、接納、好奇）來接觸它們，它們就會揭露它們的秘密歷史：如何被迫採取目前的角色、如何被角色困住，以及擔心如果不去做就會發生可怕的事情。它們被凍結在過去必須接受角色的創痛時間中。

暫且打住，先來探討一下這個發現在靈性上的意義。基本上，我發現愛是內在世界的答案，就像外在世界一樣。傾聽、擁抱與愛那些內在部分，讓它們來療癒與轉化人們。以佛教的詞語來說，**內在家庭系統讓人成為心靈的菩薩，用慈悲與愛來幫助每一個內在生靈（內在部分）達成開悟**。或用基督教的看法，人們用內在家庭系統在內心做到耶穌於外在世界的作法——找到內在的流放者與敵人，用愛來療癒它們，帶領它們回家，就像耶穌對待痲瘋病人、窮人與流浪者的作法。

這裡的重要結論是內在部分並非通常以為的那樣子。它們不是認知上的調適或有罪的衝動。內在部分是神聖的生靈，它們應該被如此看待。

本書將探討的另一個主題是一切都是平行的——我們如何對應內在世界，就會如何對應外在世界。如果我們能夠欣賞與愛我們的內在部分，就算那些被我們視為敵人的，而我們也可以同理地對待相似的人。反過來說，如果我們厭惡與鄙視我們的內在部分，我們也會這樣對待其他相似的人。

我對於內在部分的一些發現：

- 就算最具破壞性的內在部分也有保護的意圖。
- 內在部分時常被凍結在需要極端角色的過去創痛中。
- 當它們覺得可以安全脫離角色時，對於系統會有極大的價值。

負擔：外來的情緒或信仰

這是我偶然找到的另一個關鍵發現：內在部分會把極端信仰與情緒放在它們的「身體」中，驅動它們的感受與行動。

內在部分也有獨立的身體，不同於所屬的人體，這個概念看似荒誕怪異；讓我在這裡打個岔，我只是報告我這些年探索內在領域所學到的，並不去批判這個資訊的存在眞實性。如果你去問你的內在部分關於它們自己的身體，我預測你會得到我在這裡所說的同樣答案。

有很長一段時間，我不知道要如何處理這個發現。儘管如此，內在部分是這樣描述自己——它們有身體，它們的身體包含了外來的情緒與信仰，並非屬於它們的。通常它們可以告訴你這些情緒與信仰附著到它們的準確創痛時刻，它們可以告訴你這些外來物是在它們身體內或身體上的何處。例如「我手臂上的這個油汙」或「我肚子裡的一團火球」或「我肩膀上的重量」。

這些外來的情緒或信仰（有時被描述爲能量），就是我所謂的負擔（burdens）。負擔是內在部分的經驗與活動，是很有力量的組織者，幾乎就像電腦病毒會重新組織電腦一樣。

這裡必須說明，這些負擔是一個人直接經驗的產物——當父母虐待孩子時的無價値感；車禍時附著在內在部分上的恐懼感；小時候被遺棄或被背叛時認爲沒有人可以信任。當我們年輕時，我們不太能分辨這些情緒與信仰的眞實性，結果它們會附著在我們年輕內在部分的身體上，變成我們生命很有力（雖然是潛意識）的組織者。我們稱之爲個人負擔。

有些最有力量的個人負擔類似依附理論（attachment theory）先驅約翰．鮑比

（John Bowlby）所謂的內在運作模式（internal working models）。他認爲那是你在孩童時發展出來的地圖，讓你對你的父母與外在世界，以及後來的親密人際關係有了心理準備。也描述了你的良善程度，你有多麼値得被愛與支持。

有另外一種類別的負擔，被稱爲傳承負擔，不是來自於直接生命經驗，是從你的父母那裡繼承的，而它們則承自它們的父母，以此類推。或是從你的種族群體，目前的文化所吸收來的。傳承負擔也是同樣重要的生命組織者，因爲我們長久浸淫其中，所以通常要比來自創痛的個人負擔更難被覺察。如此一來，傳承負擔可能就像水對魚般重要而讓魚渾然不知。

內在部分不是負擔

內在部分與它們所背負的負擔有很重要的差異，因爲世界上很多問題是來自於大多數模式對心智的錯誤理解：誤以爲負擔就是背負著負擔的內在部分。

一般認爲一個總是吸毒的人，是無法抗拒吸毒衝動的成癮者。這種看法導致使用反毒手段來對抗衝動，例如可能讓成癮的內在部分兩極化的戒癮課程，或仰賴成癮者的意志力。

另一方面，如果你認為尋求毒品的內在部分是保護者背負著責任的負擔，以避免此人承受強烈的情緒痛苦或甚至自殺，那麼你就會用很不一樣的方式對待這個人。你可以幫助他認識那個內在部分，尊重它的努力，協商得到許可來療癒或改變它想要保護的內在部分。

然後你可以幫助那個人療癒，回到現在已經獲得自由的「成癮」內在部分，幫助它放下恐懼與責任的負擔。

放下負擔是內在家庭系統另一個看似靈修的層面，因為當負擔離開內在部分的身體時，內在部分會立刻恢復原來的價值狀態。彷彿內在的睡美人或怪物與毒蟲被解除了咒語。新的無負擔內在部分幾乎都說感覺更輕盈了，想要玩耍休息，然後換一個新角色。先前的成癮內在部分現在想要幫助你連結其他人。超級保護的內在部分變成了設立界限的顧問。批判者變成內在的啦啦隊，諸如此類。換言之，**彷彿每一個內在部分都是一個有真實目標的個人。**

沒有不好的內在部分

如果本書的書名沒有讓你產生疑惑，我現在就直接問了：「我們要如何對待犯下了可怕暴行的內在部分？那些殺了人或性侵的呢？或意圖殺死主體的內在部分？怎麼可能是好的內在部分扮演壞角色？」

我與個案進行內在家庭系統療法，越來越清楚，驅動他們內在部分的負擔是來自於較早的創痛，所以在一九八〇年代末與一九九〇年代初，我專門治療那些承受了複雜創痛的人，他們被嚴重診斷為邊緣性人格障礙、慢性憂鬱與飲食失調等。同時，我也開始想要了解與治療施暴的人，因為顯然治好其中一人就可能拯救許多未來的受害者。

我有七年時間在伊利諾州的性犯罪治療中心歐納加學院（Onarga Academy）諮商，幫助個案傾聽他們虐待孩童的內在部分，而我一再聽到同樣的故事：犯案者在童年遭受虐待時，他們的一個保護者內在部分非常想要保護他們，對抗施暴者的憤怒或性暴力，用那種能量來保護自己免於被虐。但是從那時候開始，這個內在保護者繼續帶著施暴者的仇恨負擔，渴望主宰與懲罰脆弱。這個內在部分在被虐時也被凍結在時光中。

因此，虐待孩童的快感來自於可以傷害與控制無辜的弱者。這些內在施暴者在自己內心會對自己脆弱的內在童稚部分做出同樣的事。這個過程——一代的施暴者被父母虐待時承接了父母的內在施暴者，是傳承負擔轉移的一個方式。

當我們治療了他們被困在早年虐待的內在部分，他們的內在施暴者釋放出他們父母的暴力或性能量，就像其他內在部分會很快地開始轉化，採取有價值的角色。在這段時間，我有機會治療其他類型的施暴者（包括殺人犯），也發現到類似的情況。我記得幽默作家威爾·羅吉斯（Will Rodgers）說過：「我從來沒遇見過我不喜歡的人。」我發現我也可以這樣說內在部分。我喜歡所有的內在部分，甚至那些做過可怕事情的。

經過數十年，在我治療了無數個案之後，現在我可以肯定地說沒有不好的內在部分。靈修傳統鼓勵我們對一切慈悲。內在家庭系統則在這方面協助其成眞。內在家庭系統有極端不同的假設：每一個內在部分（不管看起來多麼邪惡）都有著秘密的痛苦歷史可以分享；它是如何被迫採取這個角色，背負著它不喜歡的負擔，且持續被驅使著。內在家庭系統也指出了清楚的步驟，以幫助這些內在部分與所屬的人來療癒與改變。把希望帶給絕望者。

眞我，擁有智慧且無法被破壞

在早先的日子，幫助個案傾聽內在部分與建立更好的關係，我嘗試（完形療法）使用了很多張椅子，讓個案坐在一張椅子上，與對面的空椅子對話，內在家庭系統要他們想像那個內在部分是坐在空椅子中。因爲內在部分也可以發言，所以個案會一直來回換座位，結果我的辦公室裡放滿了椅子。我看著個案在房間裡換座位，擔任不同的內在部分，這幫助我更加了解內在部分的模式。然後一位有想法的個案建議也許不需要換座位，他可以坐在同一張椅子來進行。這個方法對那一個個案很有效果，當我用到其他個案時，發現他們也都能這麼做。

我的主要目標是幫助個案與內在部分建立更好的關係。我常看到某些個人模式與我當家庭治療師時所看到的很類似。例如一個暴食的孩童會跟他的內在批判者對話，突然間他會對批判者生氣，對它吼叫。在家庭治療時，假設有一位女孩與她的批判母親對話，她生氣對母親吼叫。在這種案例，我們被教導要觀察房間中是否有別人偷偷支持這個女孩來反抗母親，比方女孩的父親對她打信號，表示他也不同意母親。這時我會叫父親後退離開女孩的視線，她會慢慢平靜下來，她與母親的對話就會好很多。

所以我開始使用「後退」的方法。我會要個案叫其他內在部分後退，讓對話的內在部分可以深入傾聽彼此。例如，我也許會說：「你能不能找到那個對目標內在部分生氣的（在這裡是內在批判者），叫它後退一會兒？」讓我驚訝的是，大部分個案會說：「好了，它後退了。」而沒有什麼遲疑。當那個內在部分後退之後，我的個案會轉變進入完全不同的狀態。其他內在部分會進來（例如內在害怕者），越多內在部分能夠後退讓個案發言，個案就越能變得覺知與好奇。叫其他內在部分讓出更多空間，這個簡單的作法似乎可以釋放出有好奇心，同時能平靜與自信面對內在批判者。

當我的個案進入那個位置，對話就會順利。批判者會放下防衛，說出它的秘密歷史，個案會有同情心，我們就能得知它要保護什麼，諸如此類。一個個案接著一個個案，同樣的覺知好奇、平靜、自信，甚至內在慈悲會突然出現，那個內在部分似乎知道如何用療癒的方式來處理內在。當個案進入這種狀態時，我會問：「現在那是你的內在什麼部分？」他們會說：「那不像其他內在部分，更像是我自己」或「那比較是我的核心」或「我其實就是那個樣子」。

我把這個內在部分稱爲「眞我」。經過數千小時的療程，我可以確定的說，**所有人都有眞我**。還有，眞我是無法被毀壞的，眞我不需要成長，眞我擁有自身的智慧，知道如何療癒內在與外在人際關係。

對我而言，這是我意外碰到最重要的發現，並且改變了一切。眞我就在我們的內在保護者的表面之下，當那些內在部分爲它讓出空間，它就會自動站出來，通常很突然，而且無一例外。

實際體驗，認識自己的內在部分

以上是我對內在家庭系統的前言介紹。初聽之下會讓人覺得很有道理，但除非實際體驗，否則很難完全了解我所說的。所以現在輪到你了。我想邀請你嘗試一個練習，學習開始用不同的方式來認識自己。

Exercise

體驗練習：認識你的保護者

花點時間把環境弄得舒適一些，就像準備去靜坐那般。如果深呼吸對你有幫助，就去做吧。

現在我要邀請你用意念來掃描身體，特別注意任何明顯的念頭、情緒、感受或衝動。目前就像一般的覺知冥想，你只要去注意有什麼，並且稍微保持距離。這時你看看這些情緒、念頭、感受或衝動是否有一個在召喚你，想要得到你的注意。如果有，就專注「它」一分鐘，看是否能找到是在身體內或身體上的某處。

當你觀察時，注意你對它的感受。我的意思是，你是否不喜歡它？它是否打擾了你？你是否怕它？你是否想要除掉它？你是否依賴它？我們剛注意到你與這個念頭、情緒、感受或衝動有某種關係。如果你有任何感受，除了開放性的好奇之外，你要叫那些可能不喜歡或害怕或有其他任何極端感受的內在部分放輕鬆，讓你有一些空間來認識它，而不要帶著某種態度。

如果你無法進入好奇的狀態，沒關係。你可以花點時間與那些不想放鬆的內在部分對話，談談它們為何不敢讓你與目標情緒、念頭、感受或衝動互動。

但如果你可以進入對目標覺知好奇的位置，就可以安全開始與它互動。此時你也許會覺得有點怪，但還是試一試。我的意思是，當你觀察這個情緒或衝動或念頭或感受，注意到它在你的身體上，問它有沒有什麼想要讓你知道的，然後等待答案出現。不要試圖想出答案，所以任何思考的內在部分也可以放輕鬆。只要安靜等待，專注於你身體上的那個位置，直到答案出現。如果沒有東西出現，那也沒關係。

如果你得到了答案，接下來你可以問，「如果它不在你的內在這樣做，它會害怕發生什麼事？」「如果它不是這樣，它害怕會發生什麼？」如果它回答了，你大概就會知道它是如何想要保護你。如果是這樣，就試試對它表示一些感謝，至少它想要保護你，看它對你的感謝有何反應。然後問這個內在部分將來對你有什麼需求。

等感覺時間到了，把你的注意力轉回到外在世界，觀察你的環境，但也要感謝你的內在部分容許你這麼做，讓它們知道這不是它們與你對話的最後機會，因為你打算更深入了解它們。

我希望你可以跟著我展開旅程，並從中得到一些訊息。有時候你所學到的會讓你驚奇。對我而言，這些情緒、感受、念頭、衝動等，都是內在部分所發出的——我們稱之爲入口（trailhead）。因爲當你注意到了，就像從這裡踏上一條小徑，帶領你找到發出念頭、情緒、衝動與感受的內在部分。

等你認識了那個內在部分，你會知道它不僅是念頭、感受、衝動或情緒。它會讓你知道，它有很廣博的感覺與念頭，可以告訴你它的角色，爲什麼它要這麼做。然後它會感覺被你看到，而你可以對此表達感謝。

這是我在一九八〇年代初對我的個案所做的，過程中開啓了一個全新的世界。讓我想起了高中的生物課，我們用顯微鏡觀看一滴池塘水，很震驚看到各種的草履蟲、單細胞生物與變形蟲在游動。

當我們把注意力轉向內在，我們會發現，原來以爲雜亂的念頭與情緒竟有豐富的內在群體，一輩子都在幕後互動。

透過這個練習，你可能注意到只要去觀察一個內在部分，你就溶出（unblend）了它。換言之，突然有了一個你在觀察，一個它被觀察。

我在〈前言〉中說過，你可以在覺知冥想中找到這一類的分離，這是很棒的第一步。然後你跨出下一步，探索你對它的感受，並且注意到其他內在部分對它的感受。當你對它感覺到憤怒或是恐懼，那就不是眞我，而是其他仍然與眞我溶合（blend）的內在部分。

如果你能請這些內在部分後退，讓出空間，你可能會感覺更加進入覺知狀態。從我的觀點，你的眞我透過那種脫離而可被觸及。不過是請其他內在部分讓出空間，就可以讓眞我出來。很多冥想的方法正是讓你進入更寬敞，更空曠的心智，讓你感受到充滿空間的平靜與安寧。

但除了只是觀察大多靈修傳統認爲的自我或雜念與情緒，**你在這個過程對你所觀察的內在部分建立了一種新關係**，有大量的好奇心。理想上，你可以繼續加深這個關係，內在部分會喜歡你這麼做。通常它們在那裡自行運作，沒有任何成人監督，它們大多很年輕。當你終於過來關注它們，就像你是一個曾經忽略孩子的父母，但終於開始照料與關心孩子了。

Exercise

體驗練習：畫出內在部分地圖

現在我要請你去認識一群內在部分，它們彼此互有人際關係。你要準備一本筆記本與一支筆。再次專注於內在，想另一個內在部分——不是你剛認識的，這次是不同的。「入口」也可能是任何情緒、念頭、信仰、衝動或感受。

專注於這個新內在部分，找到它在你身體內或身體上的地方。現在，全心注意它，直到你有足夠的感受可以記錄在你前方的紙上。不用太講究藝術性，任何形象都可以，甚至塗鴉也行，只要設法在白紙上表達出那個內在部分即可。專注於那個內在部分，直到你知道如何表達，然後畫出來。

你在紙上記錄了那第一個內在部分之後，再次專注於身體同樣地方的同一內在部分，只要保持專注，直到你注意到某種轉變，另一個入口——另一個內在部分出現。然後專注於那第二個，在你的身體上找到它，全心注意它，直到你可以在紙上也記錄下來。

你畫了第一個之後，回去專注它，直到你注意到另一個轉變，另一個入口出現。然後把注意力移到新的這個，在你的身體上找到它，專注它直到你可以在紙上表達出來。然後再次回到第三個，專注它在你身體上的位置，保持專注直到另一個又出現。然後轉移到那個上面，在你身體上找到它，專注它直到你可以表達出來。

你可以重複這個過程，直到你感覺你畫出了你內在的完整系統。當你覺得做到了，把注意力轉回到外在，你的周圍。

這就像是你找到了大蒜的一瓣，我們在內在家庭系統中這麼稱呼。你也許熟悉心理治療的洋蔥比喻——剝下你的一層層，來到核心，然後可以療癒。內在家庭系統則比較像一顆大蒜，有很多瓣，每一瓣裡面都有很多內在部分，彼此連結，也許過去都被困在一起。你觀察一枚瓣時，會感覺到它的負擔被放下，但你也許還沒碰到其他同樣創痛下產生的瓣。所以這個地圖練習是設計來帶出你的一枚瓣——你內在的次系統。請繼續畫出其他瓣的位置。

現在我要你把紙放遠一點，伸直你拿筆記本的手，隔一些距離看你所表達的這四、五個內在部分。這些內在部分與其他內在部分有何關聯？一些保護著另一些嗎？一些會彼此爭吵嗎？一些會結盟嗎？你開始產生一些答案，記錄在你畫的紙上。

現在我要你再看那些內在部分，探索你對每一個的感受。完成後，想一想這個系統對你的需求。最後，花一點時間再次專注於內在，只要感謝這些內在部分對你揭露了自己，再次告訴它們，這不是你與它們最後的對話。然後把你的注意力轉回到外在。

我非常推薦這個練習，可以多方面運用。例如，如果你在生活中有一個急迫的問題，進入內在，畫出地圖，一些答案就會出現——也許是要做什麼決定，或哪個內在部分讓你很難下決定。畫出你的內在部分地圖是另一種分離的方法，因爲我們通常與不只一個內在部分溶合。

Chapter 2

眞我會暫時被遮蔽，但不會消失

在內在家庭系統，我們將用溶合一詞來描述內在部分的觀點、情緒、信仰、衝動與眞我結合。這種情況下，你的眞我本質受到遮掩，似乎被那些內在部分取代了。你可能感覺被恐懼、憤怒或冷漠所衝擊。你可能會疏離，或感到困惑，或產生渴望。換言之，你至少暫時成了與你溶合的內在部分。你成爲一個心懷恐懼的小女孩，或以前那個噘嘴的小男孩。

爲何內在部分會混合（溶入）？

內在保護者溶入是因爲它們認爲它們必須處理你的生活問題。它們不信任讓你的眞我來處理。例如，如果你父親在你小時候打你，你無法阻止他，你的內在部分就不再信任你的眞我可以保護系統，而相信它們才可以。同樣的情況以外在家庭來譬喻，它們就成了父母化小孩。也就是說，它們承擔了保護你的責任，儘管事實上，就像外在家庭中的大人家長，它們並不具備這麼做的能力。

內在部分的保護者常會變得偏激，溶入來占據你的系統。有些讓你超級警戒，有些讓你對輕視怠慢產生過度憤怒反應，有些讓你總是有點疏離，或讓你在面臨威脅時極端疏離。有些成爲內在批判者，想激勵你表現更好，或羞辱你來讓你不敢去冒險。有些讓你照顧身邊所有人，卻忽略了你自己。

受創的系統中常見的保護者角色不可勝數。這裡的重點是，這些症狀與模式是年輕而壓力過度的內在部分所做出來的，它們常被凍結在稍早創痛的時間中，認爲你還很年幼無助。它們通常相信它們必須那樣溶入，否則會發生可怕的事情（通常是你會死掉）。由於它們被困在過去，它們這樣想是很合理的。

我們大部分時間與某些內在部分溶合，我們非常習慣了，不認爲我們持有的信仰很極端。我們只是隱約感覺到我們是假的，我們不應該完全相信任何人，或我們必須不停努力才能避免貧窮。我們也許沒有意識到這些信仰——但這些負擔控制了我們的生命，永遠沒有受到檢視或質疑。

其他內在部分只有在被觸發時才溶入——當有人拒絕了我們，我們就突然陷入羞愧；一輛車擋住了我們，我們就充滿了憤怒；我們必須準備上台演說，就會恐慌症發作。我們知道這樣是反應過度，但我們不知道為什麼如此難受。因為我們從來沒有問過內在，我們只是覺得自己是敏感、易怒、焦慮的人。

眞我一直都在，未曾消失

要記住不管我們有多麼溶合，眞我還是存在——永遠不會消失。古代發生日蝕，天空突然變暗，因爲月球遮住了太陽，人們會恐慌，認爲太陽消失了。**眞我就像太陽，會暫時被遮住，但永遠不會消失**。等月球過去了，或雲層散開了，太陽仍像往常那樣明亮。同樣的，當內在部分溶出，眞我的滋養能量再次可得，內在部分會感到自在，因爲有如此強大而慈愛的內在領導者。

溶合的內在部分給予我們投射、移情，與其他的扭曲觀點，這是心理治療的好材料。眞我的觀點沒有被這些扭曲所過濾。當我們處於眞我時，我們看到了驅使我們敵人的痛苦，而不是只看到他們的內在保護者。**你的保護者只會看到其他人的保護者。**眞我的清晰讓你有某種透視眼，你可以看穿其他人的保護者，看到他們的脆弱，你的心就會爲他們敞開。

眞我也能感受到其他人的眞我，所以有很深的連結感，以及強烈的欲望想連結其他人的眞我。這種連結感有靈性的成分，本書稍後會探討——我們感覺與神靈、大道、上帝、婆羅門、大我的連結。我們能感覺到，因爲我們的確是連結到它。

當我們與有負擔的內在部分溶合時，我們就失去了所有這種連結感，感覺與其他人和神靈是分離的——零丁而孤獨。這是內在與外在系統的另一個相同之處。內在部分有了負擔之後，就會感覺孤獨，與彼此和眞我失去連結。它們不明白是受到了彼此的影響，眞我仍然愛它們，而我們也不明白。

讓內在部分相信分離（溶出）是安全的

因此，找出溶合的內在部分，幫助它們相信溶出是很安全的，這是內在家庭系統治療的關鍵。你可能在描繪地圖的練習中發現，光是注意到內在部分，在紙上表達出來，就足以跟它們產生足夠的分離（足夠溶出），你就可以對它們有不同的觀點。就像從三萬尺高空觀看一座城市，你可以更清楚看到內在部分的角色與它們如何運作。但要爬下樹，才可以看到樹林。

你不僅更清楚看到它們，在上面也更容易關注它們，而不是陷在它們的戰場中。例如，當你足夠溶出討厭內在恐懼的部分，你突然看到它不是一團無理性的神經質，而是一個害怕的內在小孩，需要被安慰。你可以同情那個小傢伙，想要擁抱它而不是責備它。你會發現擁抱內在部分很管用——你將不再被恐懼所折磨。

許多靈修強調愛的重要，或至少要對自己慈悲。內在家庭系統告訴你如何做到。例如，克莉絲汀·奈夫（Kristin Neff）與克里斯多福·吉默（Christopher Germer）向大眾推行了很棒的運動，名爲「靜觀自我關懷」（Mindful Self-Compassion, MSC），來自於佛教的方法，與內在家庭系統很相稱。內在家庭系統讓這個練習更鞏固，幫助你把關照與滋養擴大到受苦或以前是敵人的內在部分，你可以觀察它們的反應。

還有，有些傳統教導你必須用特定的練習來強化慈悲的肌肉，然而內在家庭系統的眞我已經充滿了慈悲，只需要被釋放，而不是強化。日常練習可以幫助內在部分信任釋放慈悲，了解與處理它們對於這麼做的恐懼可以加快釋放。

事實上，大多數冥想都可算是溶出的練習。也許是覺知分離念頭與情緒，從一個平靜的地方來觀察它們，或重複一段讓它們睡覺的祈禱文，都是去接觸眞我。冥想幫助你在生活中更平靜、自信、清明、慈悲、勇氣、創意、好奇與連結（稍後會更詳細說明這八本質），你的內在部分會信任你的眞我來帶領內在與外在。內在家庭系統提供一種特定的冥想方法，你可以在下一個練習體驗看看。

Exercise

體驗練習：分離內在部分，感受體內的真我

有一種很短的冥想，我每天都會做，很多內在家庭系統的學習者也會做。我鼓勵你試試每天練習。

坐得舒適一點。如果有幫助，就做個深呼吸。然後開始專注於你正在主動處理的內在部分。看你是否能在你的身體找到它們，好奇它們目前的狀況。也就是個別詢問有沒有什麼事想讓你知道，或需要什麼——就像照料一個孩子那樣。

當你逐漸認識它，在某個時間幫助它也認識你（目前跟它在一起的你），因為這些內在部分通常並不真正認識你。它們是與其他內在部分互動，往往認為你還是一個孩子。

通常這是它們首次碰到你——這個對它們感到好奇，關心它們的你。所以讓它們知道你是誰，甚至你年紀多大，因為它們多半認為你還很小。讓它們知道它們將不再孤單，看看它們的反應。如果你想要，你可以問它們覺得你多大，你甚至可以要它們轉過來看看你。

你查看過這些內在部分之後，你可以打開空間邀請其他需要被關注的內在部分出來，只要等待「入口」出現——念頭、情緒、感受、衝動。用同樣的方式來認識這些新的內在部分，幫助它們認識你。

接下來的也許不會發生。重新個別查看它們，邀請它們放輕鬆，打開內在空間，你可以更進入你的身體。如果有內在部分願意這麼做，你會注意到身體或內心明顯轉向更寬暢與平靜的內在部分所在之處。如果沒有發生，不要失望，它們也許還不夠認識你來相信這麼做是安全的，沒關係。

如果它們分離出來，注意你在那位置時更體認身體與寬暢的品質感受。現在你的身體與心理是什麼樣子？注意那種寬暢、安寧與滿足——你滿足了。也注意此時那種無事可做的感覺，一切都很好。有些人同時感覺到一股震動的能量貫穿身體，讓他們的手指與腳趾麻癢。有些人稱之為氣或拙火或普拉納（梵文原意是氣、風，指一種生命能量），但內在家庭系統稱之為「真我能量」。

我邀請你來感受你的真我處於身體的感覺。如果你能在身體上熟悉這種狀態，你就可以注意到當你在那裡與不在那裡過日子的狀態。脫離那種狀態通常是因為內在部分溶合到某種程度，讓你有分心的念頭，阻擋了能量流動，封閉了你的心，讓你感覺壓力等。你可以去注意那些活動，然後勸那些內在部分不需要這樣——溶出是很安全的，至少在冥想的這段時間。之後如果它們想要，就可以跳回來。但我發現透過這個練習，內在部分逐漸相信、體認真我是安全有利的。它們也相信真我會記得回來查看它們——真我是好的內在父母。真我的領導幫助它們脫離父母角色，考慮放下負擔。

接下來一分鐘，我邀請你把注意力轉回到外在。但在你回來之前，謝謝你的內在部分讓你體認真我，如果它們沒有，謝謝它們讓你知道它們還太害怕而不敢去做。然後等感覺正確就回來。

內在家庭系統的四項基本目標

① 解放內在部分於它們被迫的角色，讓它們成爲應有的樣子。
② 恢復對眞我與眞我領導的信任。
③ 讓內在系統恢復和諧。
④ 與外界互動時更能夠由眞我領導。

這種溶出不必設限二十分鐘療程。它可以成爲生活中的練習。我會試著一整天都注意到「我」在身體裡——「眞我」實實在在的存在。我會檢視我的心有多開放，感受我的心智是否也開放，或是我有很強的主張，或有受到壓力的念頭，評量我說話時的聲音震動，感覺眞我能量是否流動，檢視我的前額是否繃緊或肩膀負重（我的內在管理員就在那裡）等等。這些是我的一些訊號，我鼓勵各位也去找找屬於你自己的訊號。

經過多年的練習，我已能快速檢視這些訊號，然後令任何激動的內在部分放鬆、分離，信任我讓眞我處於身體中。現在，由於我的內在部分都信任我，我通常很快就會注意到身體上這些特質與狀態的變化。有些情況仍具挑戰性，但那只意味著我還需要療癒被那些情況觸發的一些內在部分。當你可與你的內在部分這樣共處於內在世界，你就更能從此處引領你於外在世界的生活。

在這個冥想中，我要你告訴你的內在部分你眞正的年齡。當我要人提出這個問題（「你覺得我有多大？」），可能十次有七次，得到的答案會是個位數。通常回答的數字是那個內在部分被迫脫離價值的狀態，進入現在的角色時，也就是你當時的年齡。就像內在部分一旦接下了角色，就專注於外在世界，再也不回頭看你——沒注意到你已經長大。所以許多內在部分相信它們還在保護年幼的你。在許多情況，你現在的年齡對這些內在部分是一大震驚——許多內在部分一開始並不相信。

這個更正過程的目標，是讓你的內在部分明白它們不再是它們本來以爲的俠客。當它們開始信任你（你的眞我）爲內在的領導者，它們會鬆了一口氣，就可以回到它們本來應該的模樣。它們也許比較老或年輕或停留在同樣年齡，但沒有例外的，它們都會轉變爲有價值的角色。

傾聽內在部分，相信自己並不孤單

在我們更深入之前，我要確定我清楚說明了我所謂的內在部分。如我稍早說的，內在部分通常會被誤認爲它們所扮演的極端角色。結果我們只會對抗、躲避，或貶低它們。

這裡與人有相同之處。經歷了創痛或反覆的羞辱，人們通常會有極端的行爲——他們會成癮、暴怒或恐慌發作，變得自戀或執迷。對此，我們的社會與精神治療機構通常會判定爲有嚴重的心理疾病。然而，在創傷後壓力研究先驅貝賽爾·范德寇與成癮治療專家嘉柏·麥特等人的努力下，這種情況開始改變了，如今我們可以把這些極端當成是創痛或被忽略背景的產物，是可以得到釋放的。正如我一再說的，內在部分或人都不是天生有缺陷或具破壞性。

我們都有這些內在部分。它們都有價值，直到它們有了負擔，被我們生命早期事件強迫套入扭曲的角色。內在家庭系統的療癒過程可讓它們完全返回自然的價值狀態，到時候內在部分不僅脫離了極端角色，你還可以觸及它們的品質與資源，那是你過去無法連結到的。

原來內在部分不是病痛，也不是自我。它們是小內在生靈，努力想要護你安全，保護內在其他部分安全、內在的完整。它們有豐富的性格：個個都有不同的欲望、不同的年齡、不同的意見、不同的才能，與不同的資源。不只是騷擾或病痛（極端的角色），它們是奇妙的內在生靈。

心智的自然狀態確有內在部分——它們不是創痛，或外在聲音內在化，或能量的產物。我們生來如此，這樣很好，因爲我們所有的內在部分都有可貴的品質與資源供我們使用。

因此，內在憤怒部分不是一團怒火。如果你用開放的心態來傾聽它，你會聽到它有很多該生氣的，但它也有恐懼與悲傷，想要努力用憤怒來保護你安全。別忘了內在部分有不同的欲望、年齡、情緒與意見，所以它們就像內在小人們，因爲大多數都很年輕，更像是內在小孩。

當你年輕時經歷創痛，你的身心並不足以保護自己。你的眞我無法保護你的內在部分，所以你的內在部分對內在領導者眞我失去了信任。它們甚至會把眞我推出身體，自己承受打擊——它們認爲必須接手來保護你與你的內在其他部分。但爲了緊急應變，它們被困在了父母化位置，帶著強烈的責任與恐懼負擔，就像家庭中父母化的小孩。

所以，讓它們明白你不再是幼童會很有幫助。但它們被困住不是因爲不知道你的年齡，而是因爲它們活在過去——被凍結在你經歷的創痛時光中。因此它們仍認爲必須保護其他受到傷害的內在部分，背負著那段時間的負擔——極端信仰與情緒。壓力與恐懼會讓它們感覺孤單。把你的注意力轉向內，開始傾聽它們與其對話，讓它們知道它們並不孤單（因爲你在那裡關照它們），這個簡單的動作對內在的孤兒是相當激勵與受到歡迎的。

關於內在部分需要知道的五件事

①內在部分是天生的。幼兒研究者如貝瑞·布列茲頓（T. Berry Brazelton）的研究指出，嬰兒一天中會反覆出現五到六種狀態。也許那些正是你出生時顯現的內在部分，其他內在部分則蟄伏著，等待你成長到需要的時候，它們

就會跳出來。例如，已經當爸媽的人可能有印象，某天晚上把很乖的兩歲小孩送上床，結果第二天早上小孩醒來後什麼都不肯配合，彷彿頑固的內在部分在一夜之間冒了出來。所以，心智的自然狀態確實有內在部分。

②**沒有不好的內在部分**。等你認識了它們，你會知道它們的完整性格。它們大多數很年輕，甚至有些主宰了你的生活，而且相當聰明。內在部分放下負擔後，它們會顯現眞實的價值本質（如歡欣、愉悅、敏感、體貼、好奇、性感）與資源（如專注力、判斷力、解決問題、服務他人或熱情處世）讓你可以使用，豐富你的生活。

③**你經常需要贏得內在部分的信任**。它們背負著負擔的這個事實，就代表著你以前沒有保護好它們，你還可能把它們鎖了起來，或濫用了它們的極端保護角色，所以它們通常有理由不信任你。就像野孩子，它們需要你的愛與滋養，但因爲你們過往的歷史，它們一開始並不信任你。有時你必須以眞我狀態不斷出現，向它們道歉來重新贏得它們的信任。幸好它們不是眞正的外在野孩子，所以這種信任過程通常不會超過幾次探視。

④**內在部分可能對你的身體與生活造成許多傷害**。因爲它們被凍結在過去可怕的情況中，背負著那時的負擔，它們會不擇手段來得到你的注意：懲罰你或其他內在部分、說服其他內在部分照顧自己、破壞你的計畫，或剷除你生命中被它們視爲威脅的人。要這麼做，它們會惡化使你有身體症狀或疾病、作惡夢與怪夢、情緒爆發、長期多愁善感。《精神疾病診斷與統計手冊》中大部分的症狀都只是不同的保護者群集，在人們受創之後控制了他們。這樣去想那些診斷，就不會覺得是缺陷，更能夠幫助那些保護者來擺脫角色。

⑤**內在部分非常重要，値得被重視**。如果可以與它們建立新的恩愛關係，幫助它們轉變，它們會成爲很棒的同伴，顧問與玩伴。你會發現自己想花時間與它們在一起，聆聽它們有什麼想法。它們的衝突不再困擾你，因爲你知道它們只是內在部分，你可以幫助它們好好相處——你成爲一個好的內在父母。與它們在一起變成是一種很有愛的生活練習。

治療實錄：山姆內在的被霸凌小男孩與硬漢

我在本書中收錄了一些內在家庭系統個案的療程記錄，讓各位可以更了解我所描述的，實際運用在真實的情況中。我在記錄中自稱里查。

每年我在加州伊莎蘭休閒中心授課。上一個冬天，負責他們網誌的山姆．史登（Sam Stern）要我接受他的訪問，他很勇敢的同意讓我在他身上示範內在家庭系統。那是他第一次接觸。

里查：你想要處理什麼？

山姆：你的文章中提到了「入口」，標記可能有故事或意義的位置……我在八年級時遭受過霸凌，我的經驗很糟糕。我藏在內心，感覺它關閉了我一些地方。

里查：很好。你想要專注於哪些痛苦？或羞辱？或專注於關閉了你的內在部分？

山姆：那個關閉的。

里查：去找出關閉了你的內在部分，看看是否能在體內或身上找到。

山姆：我要找什麼？

里查：也許是一個麻木的內在部分……你可以想像去找那個十三歲的孩子，他有什麼樣的恐懼？

山姆：我沒感到恐懼。我可以看到那個孩子，他很軟弱，我不覺得我與他有連結。

里查：你看到你在那裡，你對他有什麼感覺？

山姆：我不想跟他在一起。

里查：好，專注於那個感覺，你不想跟他在一起，問那個內在部分，它在怕什麼？如果它讓你跟他在一起的話。

山姆：嗯，我覺得它是害怕他被揍。對，好像是害怕我。

里查：好，但你對他有什麼感覺？

山姆：我要他堅強起來。他應該動手保護自己。

里查：好。告訴那個內在部分，我們明白它為何要那樣，但我們要請它給我們空間來用不一樣的方法幫這個孩子，看它是否願意後退，在裡面放鬆一點。

山姆：我要真的對它說一些話嗎？

里查：你不用大聲說，只要在心裡說，看看你是否能感覺到那個內在部分後退或放鬆。

山姆：好，那個憤怒的內在部分願意後退。

里查：它後退時，現在你對那孩子有什麼感覺？

山姆：有點親近了。像我的弟弟。

里查：很好。好，讓他知道你是來幫忙的，看他對這個消息有何反應。

山姆：對！他感覺很好。彷彿他更有生命了，他變得活潑，而且更酷了。

里查：很好，好，問他想要你知道關於他什麼，等待答案出現。

山姆：我覺得他想要參加棒球隊。現在我們好像朋友了。對，他敞開了，好像如果他來過夜，我們會很開心。

里查：很好。好，山姆，要他真心讓你知道什麼事讓他覺得被霸凌。等待他想要給你的任何情緒、感受或影像。

山姆：他說他很驚訝。他受到背叛。他以為他跟那傢伙很要好，他們好像是同一邊的，然後突然間，他打電話來說要痛扁他。

里查：好。你覺得說得通嗎？那樣會感覺很糟嗎？

山姆：當然。

里查：好。讓他知道你了解。你也了解他想要給你的其他感覺。

山姆：我對這件事想了很久，我有點難以把我的假設與我的回憶分離開來。

里查：好。我們要去問內在思考者，請內在描述者也給我們一些空間，就像我們對其他內在部分一樣，看那樣是否可以。看內在思考者是否也願意後退。

山姆：好，它後退了。

里查：那就再問那個十三歲的孩子到底發生了什麼事，有多糟糕。

山姆：只是拒絕。我感覺我在那裡，然後我被拉回來。

里查：是嗎？找出那個把你拉回來的內在部分。

山姆：他擔心我感覺太多。情況會很難為情。我會批判自己。

里查：他是擔心那個原始硬漢嗎？硬漢會因為你哭了而揍你？（山姆同意）如果太可怕，我們不需要繼續，但我們請那個硬漢進入房間一會兒。只要告訴他，我們稍後會跟他談，讓他出來。

山姆：他這麼做了。

里查：好。所以現在看看那個把你拉走的內在部分是否讓我們回去。我保證如果它們讓你做到底，我們就可以療癒這個被霸凌的孩子，讓他不再被困在那裡。他不會感到惡劣，它們就不需要擔心他了。它們只要給我們空間。

山姆：好，硬漢說他會待在房間裡。說他準備好了。他會給我們空間。

里查：好，很棒。看你是否能回到那個男孩。

山姆：我不覺得我與男孩在一起。

里查：所以還有另一個內在部分阻擋著。只要問那些阻擋的，如果它們讓你跟他在一起，它們擔心什麼？

山姆：沒有什麼訊息——感覺越來越像一個空的空間。

里查：好。讓我直接與那個內在部分對話。你在嗎？你願意跟我談嗎？

山姆：好的。

里查：好，你是阻擋山姆與男孩在一起的內在部分，對嗎？

山姆：對。

里查：如果你讓他回到那男孩並且感受一下，你擔心會發生什麼事？

山姆：連結那個軟弱男孩會讓整個人軟化。

里查：如果山姆軟化會怎麼樣？

山姆：我就必須改變我花很多時間建立的整個人。我是說我做事很嚴格。我做的一切都很有效。

里查：我懂了。好，我們不要把你的事情搞砸。另一方面，我想你會如此嚴格，如此辛苦的一些理由，可能是因為有這個男孩在那裡，你不想讓山姆接近他。

山姆：沒錯。

里查：我的作法也許能讓你不用這麼辛苦，因為那男孩會感覺很好。

山姆：好，但如果我不在這裡，我要如何幫助山姆完成任何事情？

里查：我明白。所以我們會得到你的許可才做，但如果你願意，我保證我們可以做到我剛才說的，你就有時間去做其他事情。

山姆：好吧，如果最後對山姆會更好，我願意去做。

里查：好，太好了。如果你不介意，請你去等候室直到我們做完，讓我再跟山姆談談。山姆，現在看看你是否可以接近那個男孩。

山姆：可以，我感覺到接近他了。

里查：好。讓他知道你回來了，你很抱歉讓那些內在部分把你拉走。告訴他，你準備好知道其餘的事情，一切他希望你知道當時有多惡劣的事情。

山姆：對，他感覺很小，比十三歲更小。小很多，對，也許像個兩歲大的。

里查：好。你對這個兩歲大的有什麼感覺？

山姆：溫柔。

里查：很好。也讓那個內在部分知道，你與他在一起，你關心他。看看他要告訴你什麼。

山姆：現在我感覺到很多的愛。我感覺我的心敞開了。對，我也感覺對十三歲的有愛。一種溫柔，像個父親。

里查：好，讓他們兩個都知道。

山姆：感覺很好。感覺真的非常窩心。

里查：好，如果你想要，我們可以在這裡多待一會兒。但也要敞開接受它們要你知道的事情。

山姆：我感覺到十三歲的我。我看到他穿著七、八年級孩童穿的、很矬的衣服。感覺他還沒有到青春期或發育不良。他的衣服看起來土裡土氣，他無法好好保護自己。好像他的骨頭很脆弱。我不會對他感到厭惡。現在我感覺到同情心。

里查：讓他知道，看看他是否還有更多想讓你知道的。

山姆：他想要幽默、受歡迎，他很傷心。被霸凌打消了受歡迎的念頭。真的讓他關閉了。對，我想到後來我發育了，當我十九歲上了大學，我知道了耍酷的方式，那對我很重要。

里查：當然。只要告訴他你明白了這一切，看他是否還有更多要你明白的。

山姆：好。他沒有惡意。他不是憤怒。他比較是「別傷害我」，但還是帶著樂觀。

里查：很好。問問他是否感覺到你現在明白了他的傷心。或是他還有更多想要你知道的。

山姆：好，我從他那裡接收到了如詩篇《靈魂暗夜》（*Dark Night of the Soul*）之類的感覺與恐懼。

里查：讓他知道你沒問題。你真的想要去感覺。他要你知道多少都可以。現在他是否覺得你真的明白他有多恐懼？

山姆：他說他知道。

里查：好，所以山姆，我要你進入那個時間與他共處，如他需要有人陪他那樣，等你跟他在一起時告訴我。

山姆：我在那裡了。我讓他知道我是個朋友——一個保護者。

里查：很好。他有什麼反應？

山姆：他感覺很好。有人在他這一邊。

里查：沒錯。問他有沒有什麼事要你去做。

山姆：他要我帶他進入成人，可以有性愛與做成人的事情。他總是對那個領域感興趣。

里查：好，我們會這麼做，但首先，他有沒有要你做什麼關於霸凌的事情，在我們把他帶出那時候之前？

山姆：沒有。他似乎不想要報復。他似乎不想揍任何人。

里查：好。我們帶他去他想去的任何地方。可以是現在，也可以是幻想的地方。不管他想去哪裡都可以。

山姆：他想參加火人祭（編注：一年一度於美國內華達沙漠舉辦的反傳統狂歡節，旨在提倡社區觀念、包容、創造性、時尚及反消費主義）。

里查：太好了！好。（暫停）他喜歡那裡嗎？

山姆：有點害羞。

里查：讓他知道你會幫他學習那裡的門路。告訴他，他永遠不用再回到霸凌的時間。（山姆舒緩地哭了）對，那讓人鬆了一口氣吧？很好。他永遠不用回去那裡。真的很棒，山姆。

山姆：太棒了。這是快樂的眼淚。

里查：真的很棒。他永遠不用回去了，現在你會照顧他了。

山姆：太棒了。這是他一直想要的。

里查：沒錯。現在問他是否準備好放下他一直背負的情緒與信仰。問他是放在身體什麼地方。

山姆：他的頭，他的嘴唇與心。

里查：好。問他想要全部交給什麼：光、水、火、風、土或其他東西。

山姆：光。

里查：好，山姆，帶一些光線進來，照耀著他。告訴他，讓那一切都離開他的身體。讓光來帶走，不需要再背負了。要他觀察他的身體，確定全都帶出來了。對，全都放入光中。沒錯。現在告訴他邀請一些他想要的品質進入他身體，看看什麼進入了他。

山姆：如自豪與仁慈。就像一個好的超級英雄之類的感覺。

里查：太好了。現在他看起來如何？

山姆：就像我的一個年輕朋友。但安全又強壯。

里查：沒錯。我們讓所有內在部分離開等候室，讓它們都進來看他，看看它們如何反應。讓它們知道不用保護他了，不用再妨礙你接近他，因此它們可以開始想一些新角色了。

山姆：我看到硬漢臉上掛著好奇與迷惑的表情。他很困惑他不是我。

里查：他不是你。讓他清楚知道。他揍了那孩子，那樣很不好，所以……

山姆：對！

里查：現在他需要想出一個新角色。問他如果不用再像以前那樣保護你，他會想去做什麼？

山姆：嗯，他說做什麼都很棒，他可以選擇嗎？他真的自視甚高。真的。他看到我在生命中做的一切好事情，他都歸功於他自己。

里查：他可以想一個新角色。不用現在就決定。現在裡面感覺如何？

山姆：感覺寬敞。感覺有趣而且不一樣。

里查：好。現在感覺完成了嗎？

山姆：是的，我想知道如何找到這個硬漢，讓他知道雖然他不是主角了，他對我還是很重要。

里查：這正是你必須告訴他的。你不需要特別去找他——他總是在附近。只要專注於他，跟他談話。現在回來吧。這是很精采的一次療程，山姆。

山姆：對，謝謝你。我沒料到。

我之所以提到這次療程，是因爲其中說明了內在家庭系統的許多基本，例如，我不停地要不同的保護者讓出空間，直到山姆的眞我出現，他主動說他覺得與被放逐的十三歲男孩感到更親近了。然後他傾聽了男孩如何被霸凌，要那些妨礙他傾聽的內在部分後退，來完成見證。然後我要他去找過去的十三歲男孩，帶他去安全的地方（火人祭），男孩願意放下他從霸凌所背負的情緒負擔。男孩放下負擔後轉變了。最後我們帶出他最主要的硬漢保護者，看到男孩不需要他的保護，他可以考慮新的角色。在過程中，山姆的內在部分越來越信任山姆的領導。

我們從讓內在部分溶出到釋放眞我來爲一個流放者見證，收回與放下負擔，然後幫助一個保護者考慮新的角色。除此之外，我在一個地方直接與一個保護者對話，我們稱此爲直接接觸。山姆的許多保護者雖然在不同時間干預，當他與我向它們保證之後，它們很快就願意讓出空間。對大多數人而言並非如此（要花很多時間讓他們的保護者信任他們與我），所以如果你的療程沒有這麼快速，不要感到氣餒。

我提出這次療程，也因爲這是個極佳的例子，這麼多男孩（包括我自己）被迫處理自己的傷口，結果就被硬漢內在部分所主宰，厭惡他們自己與其他人的脆弱。山姆不是個硬漢，但早期的霸凌經驗與他的反應對他的生命有明顯的衝擊。

最後，我要分享山姆在六個月後寄給我的訊息：

對我而言，那是很驚人的一次突破。我想了很多，也感受了很多，關於那部分的我。我內在的小男孩感受到許多的療癒與接納。我想了很多關於那個「硬漢」，明白我是多麼認同他。我還沒有與他「分手」，但我從你的療法與我的組織方式，更明白他的存在與我對他的依賴。我很好奇當我釋放了他的「硬漢」責任後，他將如何運作（創作者？幫助他人？）。當然我知道我還要更努力，身爲人父讓我想要這麼做。

Chapter 3

每個內在部分都渴望與眞我連結

基督教對於罪的定義，是一切讓你與神失去連結，讓你脫離道路的東西。負擔讓眞我與內在部分失去連結，給予它們極端的衝動。背負著負擔的內在部分可能完全無法體驗眞我，或不會聆聽眞我。所以當內在部分放下負擔後，它們不僅立刻轉化，也與眞我有更多的連結與信任，這是內在家庭系統的第二目標。

當我開始了解這個之後，我看到內在世界與外在世界的相同之處。就像人們流離失所，與他們所謂的上帝（我稱之爲眞我），以及彼此失去連結，因爲他們所背負的負擔（罪），內在部分也流離失所，感覺與我們和彼此失去連結。他們放下負擔不僅讓內在重新連結，也讓自己與眞我（或其他名稱）有更多的連結。

我們進行這樣的療癒，不僅幫助自己擺脫症狀與感覺更好，我們也重新連結斷線。就像**我們所有人都有一小片上帝（用在這裡很適合），我們的所有內在部分也都有**。

針對被診斷有解離性身分障礙的人進行內在家庭系統療法，我時常發現自己在許多療程中直接與他們的內在部分對話。當我這麼做，那個內在部分會開始談起它的內在部分，最後我看到了內在部分也有眞我。

剛開始時，這簡直令人匪夷所思！內在部分也有內在部分?!但我冷靜下來後，覺得有一種美感或靈性，我們在所有層面都有平行或同樣的系統，就像俄羅斯娃娃，一層一層的類似的系統藏在更大的系統內。另一種比喻是分形（fractal）。雖然剛開始有點讓人不安，這種平行的內藏系統現象讓我覺得很美，儘管我不知道究竟有多深。我處理過內在部分的次部分，發現那也有內在部分。

如我說過，我把內在部分看成神聖的生靈。它們有自己的眞我，它們値得你的眞我之愛與慈悲。以基督教來說，就是人是以神的形象創造的，値得神之愛。如果人可以放下負擔，回到眞實本質，感覺與更偉大的什麼重新連結，內在部分爲何不可以如此呢？

幾年來，我們在密西西比州傑克遜的改革神學研討會做內在家庭系統訓練，學生都是基督教福音派。我知道我要告訴他們，人性基本上是良善的，所以我預期他們會爭論說人性基本上是惡的，結果我們眞的爭論了。我問：「《聖經》上不是說人是以神的形象創造？」他們回答：「對，沒錯，但那只是一顆小種子，完全被所有的原罪遮蓋了。」我說：「嗯，如果我們把原罪解釋爲負擔，我們就是在說同樣的語言。」

他們的教授比爾．里查森（Bill Richardson）做了很好的結論。他說：「我大概知道你想做什麼。你要我們去做的內在工作就像耶穌在外在世界做的一樣。」也就是，耶穌對外在世界的流放者給予慈悲、好奇與關切，療癒了他們，例如痲瘋病人、窮人、流離失所者。

回到建立連線，如果我們每個人與我們的每個內在部分都包含了一小片渴望與自己重新連線的眞我？如果幫助內在部分放下負擔，信任我們的眞我，讓我們感覺到與其他人，整個地球，以及眞我的連結，我們是服務了神聖重新連結的更大計畫？我覺得這是內在家庭系統可以提供給靈修者的。如果我們全都進化，不把自我當成達到開悟必須拋棄的壞的內在部分，我們的開悟會更明亮與恆久。**我們的內在部分渴望與眞我連結，就像我們都渴望連結「大我」**。

人們花時間探索內在，都會得到同樣的結論，就是這個眞我是我們眞正的自己。而且，我認爲所謂的覺醒或開悟就呈現了那個事實，從認同你的內在部分與負擔轉變成認同你的眞我，有著極深的意涵。

IFS所說的超越了任何特定宗教，甚至不需要你相信什麼靈性，你只要接受你自己與所有人都有美麗的本質，只要打開內在空間就可以觸及。有些冥想靠清空心智來達成，但內在家庭系統不會與不想被清空的內在部分糾纏，我們會慈愛地請它們打開內在空間幾分鐘，然後看到眞我浮現，而且是立即和自發性的。

這聽起來像是空談，除非你自己親身體驗，所以現在就讓我們開始一些練習，藉由這個練習讓你更了解你的內在部分，把更多的眞我帶給它們。

Exercise

體驗練習：困境冥想

跟前面的練習一樣，先放輕鬆，深呼吸幾次。現在想一個你生命中的困境，可以是你目前或過去所面臨的。選擇一個你經歷了許多衝突的問題。

你專注於這個困境，注意兩邊的內在部分，觀察它們如何彼此衝突。然後仔細察看你對這場衝突以及各內在部分的感覺。現在我們來認識這兩個內在部分，一次一個。

你要請其中一個進入等候室。這樣可以創造一些界線，讓你目前要處理的那個可以放鬆一些。先認識那個不在等候室的。觀察你對它的感受。如果你感覺到了負面的東西，就請那些與負面感受有關的內在部分給你幾分鐘認識一下。我們不要給那個正在處理的內在部分更多的力量來稱霸；我們只要去認識它。因此那個在等候室的內在部分（或任何現身的同盟內在部分）必須把它的能量從你抽離。你可以向它保證（等待室的那個），它也會有時間跟你相處，所以這樣做也許能讓它更有耐心。

如果你可以對那個不在等候室的有一些好奇心，就順著你的好奇心問它想要你對於它的狀況知道什麼？它為何在這個問題採取如此強硬的立場？如果另一個在衝突中獲勝，它會擔心什麼？你聆聽它時，不需要同意或不同意，只要讓內在部分知道你尊重它，關心它，陪伴它，聆聽它。看看它會有何反應。

接下來一分鐘，我要你請那個對話的內在部分進入另一個等候室。然後讓另一個出來，你可以用同樣方式來認識它。你也要有開放的心態與心智來傾聽它的那一邊。你不用同意。你只要了解它的立場，它為何對此堅持，如果另一邊贏了，它擔心什麼，諸如此類。

你處理第二個內在部分一段時間後，問它是否願意與另一個內在部分直接對話。向它保證你是居中協調，確保它們互相尊重。如果內在部分不願意這麼做也沒關係。如果是那樣，你就不進入下一步。但如果它願意，就邀請另一內在部分進來跟你們兩個坐在一起。

現在你要當它們的治療師，讓它們彼此討論這個問題。你的工作不是選邊站，單純只是幫助它們用不同的方式來認識彼此，確定它們對話時互相尊重。提醒它們，它們都是你的內在部分，所以有這個共同之處。然後看它們用不同的方式來認識彼此之後是如何反應，並且觀察困境有沒有什麼狀況。

此時，暫停它們的討論。讓它們知道你可以更常用這種方式與它們會面，問它們是否願意對未來的困境提供看法，但信任你來做最後的決定。它們將是你的顧問，而不是像現在這樣有責任自己做出重大決定。看它們對這個想法有何反應。如同之前練習過的，提醒它們你是什麼人（例如你的年齡）、你不是什麼人，這會有幫助。

接下來花個一、兩分鐘，謝謝它們兩個所做的努力，而且要提醒它們，你會回來。然後開始把注意力轉回到外在世界。

如果你的內在部分願意配合，你可能會發現它們其實並不認識彼此。因爲它們是位於兩極的角色，對於另一個有極端的看法。我們在國際、國內、公司、家庭與夫妻之間的衝突也看得到同樣的現象。一邊越是極端，另一邊也會越往另一個極端的方向。人類各階層的系統都有同樣的過程，尤其是缺少了好的領導者時，內在系統也是如此。我們大多忙於外在世界，忽略了內在世界，讓這些內在小孩來做重大決定，搞得一團糟。

只試一次可能不足以停止衝突，因爲這些內在部分都覺得事關重大，它們不太能完全放鬆下來。但至少它們會感覺與你和彼此有較多的連結。這是我要邀請你嘗試的新的內在領導方式。其實我對於夫妻諮商也會採取同樣方式。我聆聽其中一位，然後聆聽另一位，這樣建立連結，讓他們都能信任我。然後我把他們帶到一起，確定他們彼此尊重，讓他們用這種不同的方式來對話。

做不來練習，意味著需要花時間建立信任

現在我帶領你做了四種不同練習，設計來幫助你認識你的內在部分，或讓它們來

認識你。也許很順利，你感覺很好，但如果你做不好一項或所有練習也很平常，也有可能你只能做片段。大多是取決於你的內在部分是否準備好讓你這樣進入它們的世界，以及它們有多信任你與彼此來打開空間與分離。所以，如果它們沒有後退，並不意味著你失敗了。只不過代表你得花更多時間來建立它們對你的信任，幫助它們更加認識你。

如果你能夠做練習，也只意味你的內在部分不知為何對你已有某種程度的信任，它們願意打開空間，但不是所有人都能如此。

很遺憾，我們有些人在生命中有極糟的經驗，那只是代表著可能得多花點時間讓我們的內在部分信任這種對話會有幫助。

此時，你也可能發現你在練習時有奇怪的經驗，也許你會不尋常地想睡，發現你想著應該要做的事，或頭痛。這些都很常見。當保護者還沒準備好，會覺得必須讓你分心，或設法帶你出去，讓你難以做練習。不要與它們爭吵。我建議只要從好奇之處來認識抗拒的內在部分，找出它們擔心什麼？並且尊重它們的恐懼。

Exercise

體驗練習：安撫一個挑戰的保護者

這個練習可能很有挑戰性，尤其對內在家庭系統的初學者而言。若是這樣，只要盡力去認識還沒準備好的內在部分即可。

花點時間放輕鬆，坐直，就好像要進入冥想般。想著困擾你或阻礙你的一個內在部分，讓你感到羞愧或畏懼的。花幾分鐘去想一個。你要找的比較是一個內在保護者而不是很脆弱的那個。有些人在這個練習會立刻專注於內在批判者，所以如果你有困難找到一個，這樣通常也可以。

當你專注於內在部分時，觀察你在身體何處找到它，你專注於該處時，仔細察看你對這個內在部分的感受。對於你所觀察的內在部分，你可能會有一些壓力的感覺。

把這個內在部分放進一間隔離室。這樣會幫助其他內在部分放下武器，感覺比較安全。這個房間要很舒適，但它無法跑出來，但你可以透過一個窗戶看到它。讓其他跟它有問題的內在部分知道，在這段練習的時間內，它會被隔離。要它們放鬆一些，你就可以對房間中的那個抱持好奇心——看它們是否願意讓你這樣做。

如果它們不願意分離，也沒關係。你可以用其餘時間來認識它們，了解它們對另一個內在部分的恐懼，或是有什麼問題。如果你可以對房間裡的內在部分產生好奇或任何接納，讓它知道，看它被隔離時想要讓你知道什麼。看你是否能透過窗戶跟它溝通。它要你知道它的什麼？如果它脫離了角色，它會擔心什麼？

如果它回答了那個問題，就看看是否可能對它表達感謝，至少它想保護你，問它覺得你的年齡多大？它如果覺得你與實際的年齡不一樣，就更正它，看它如何反應。

現在問這個內在部分以下的問題：「如果你可以改變或療癒你所保護的，讓它不再是個問題，你可以擺脫保護的角色去做其他事情，你會想做什麼？」也就是，如果那個內在部分完全擺脫它的角色，會選擇去做什麼？等它回答那個問題之後，再問它將來對你有什麼需要。

結束之前問你的其他內在部分，看它們見證了你與內在保護者對話後有什麼反應。

當感覺時間到了，我要請你結束，感謝你的內在部分容許這個練習，讓它們知道這不是你最後一次來訪。再次深呼吸（如果有幫助），把注意力轉回到外在。

幾年前，我受邀在歐洲心靈與生活大會上與達賴喇嘛交流。我跟他談到我在這裡所說的，然後我問他一個問題：「上人，你要我們對於敵人慈悲，或至少慈悲思考他們。如果我們對內心的敵人也是如此呢？」這正是這個練習的用意——幫助你找到你的內在敵人。剛開始也許難以對它們慈悲，但理想上，我們以開放的心態開始，眞正嘗試去認識它們。

我不知道你是否會遇到這種狀況，但如果你與它共處，繼續提出沒有威脅性的問題，這些內在敵人會揭露它們的秘密故事，如何被迫進入這些保護者角色，在許多情況下，它們其實是英雄。如十九世紀的浪漫主義詩人亨利·沃茲沃斯·朗費洛（Henry Wadsworth Longfellow）所言：「如果我們可以讀取敵人的秘密歷史，我們會在每一個人身上找到生命的悲傷與受苦，足以化解所有敵意。」

我們找到一個內在敵人，傾聽它的秘密歷史，必然會化解所有其他不喜歡它的內在部分的所有敵意。這對內在敵人而言很好。**它們都是好的內在部分，只是被迫採取了它們不喜歡的角色**，它們不該承受，而且極想離開，但是它們不認爲這麼做夠安全。它們認爲不安全的原因之一，是不信任你爲領導者。而你來找它們，這正好有助於建立信任。

還有一件事：你在做這些練習時，可能會發現你的內在生活與外在生活都開始轉變了。你採取了不同的模式，很難再用同樣的方式來看人了，這意味著你用不同的方式與人連結。有些人可能會對你的改變感到困惑，但有些人會很歡迎。

Chapter 4

內在世界的系統式思維

你也許已經注意到我們在書中較少專注於個別內在部分，而是更專注於它們彼此的關係。我很慶幸當我首次遇到個案的內在部分，很著迷於所謂的系統思維（systems thinking），這幫助我更能傾聽它們，而不會被其複雜性嚇到。

系統思維讓我可以專注於重複的互動模式，並找出頭緒。例如我很快看到一位暴食個案的批判者開始對她發難，觸發了另一個感覺無價值、年幼、孤單與空虛的內在部分。然後，當那個內在部分讓個案有如此感覺時，暴食前來救援，把她帶走。但是暴食之後，批判者回頭報復，指責她暴食了。當然這又觸發了年幼的內在部分，我的個案再次被困在這種惡性循環中。

在本章，我要談一些系統思維的基本概念，可以用在內在世界。這些資料對你的內在工作將有極大幫助，我在本書後面會提到。

系統思維啓發我的成長

系統思維是歐洲生物學家在一九二〇年代發展出來的，他們發現細胞生物學的研究方法是學習每一個細胞的生理定律（也就是傳統的機械論，還原論方式），並不足以來了解細胞如何彼此連結形成有機體。他們發現無法在完整系統之外單獨研究個別部分來了解整個系統的行爲。因此有了著名的說法：「整體大於個別的總和。」

系統觀點很快擴展到其他領域，促成了生態學（研究動物與植物群體）與控制論（提出了回饋循環、自我調節與體內平衡的概念）。這種從研究單獨個體的組成到研究個體如何存在於可被畫出的網路或模式中的轉變並不容易，因爲我們是在機械論與還原論的模式中長大。我在畫出內在部分的練習中要你畫的圖，就是用這種方式畫出的一個系統。

當我在一九七六年首次碰到系統思維，我很高興找到對生命的一種另類態度，回答了我在精神科看到的許多失敗疑問。閱讀格利葛利・拜特森（Gregory Bateson）與其他系統理論家讓我有所領悟，引導我成爲家庭治療師，甚至影響了我研發出內在家庭系統。我領悟到對於一個有困擾的人做出精神診斷，然後當成是唯一或主要的病因，這是不必要的侷限與病理化，而且會變成自我增強病況。

當你告訴一個人他生病了，卻忽略了更大的脈絡可以解釋症狀，你不僅錯過了施力點來引導轉變，也造就出一個被動的病人，覺得自己有缺陷。幸好醫療界有更多人開始認爲精神診斷是無助而且非科學的。

脈絡是改善的關鍵

系統思維專注於一個系統成員彼此的連結方式。當你透過那個透鏡來觀察症狀，時常會發現它們是病人所處的系統（家庭、社區、工作、國家等），以及病人本身的內在系統（內在家庭）結構（人際關係模式）中的問題顯現。我從家庭治療師的工作中學到，要幫助一個孩童停止胡鬧，比起不考慮他們的家庭脈絡就診斷、治療，從了解與改善家庭結構著手是更爲有效與持久的作法。

我也發現這些家庭結構通常是靠極端信仰或情緒來維持，不一定明顯，但總是可以感覺到。例如，有些暴食個案的家庭相信衝突是危險的，個案遇到衝突時會恐懼。通常也厭惡表達需要或表現脆弱，相信家庭對外界必須呈現完美的形象。不管是什麼信仰與情緒，都成爲了家庭的模式，組織了成員彼此連結的方式，例如在個案傷心、生氣，或需要注意時表現出藐視。

更大的系統也是如此。企業與國家結構通常維持不變，儘管有障礙與症狀，除非它們的基本信念發生改變，它們的模式操作系統。在美國這艘超級大船上，我們寧願重新排列甲板椅子（稅收、環保與移民政策等），而不去重新評估驅動我們所有人的基本信仰，例如無止盡的經濟成長。

負面看待人性本質的謬誤

管理社會的最有力信念包括了關於人性本質與世界運作。這些信念通常沒有明講，也未受挑戰，因爲它們被當成了事實——本來就是如此。如唐內拉·梅多斯（Donella H. Meadows）在《系統思考》一書中所言：「成長是好的。大自然是資源的倉庫，被人類所轉變使用。當智人出現後，演化就停止了。一個人可以『擁有』土地。以上是我們當前文化的一些模式假設，這些都讓其他文化感到大惑不解，覺得一點都不顯而易見。」

大多數社會的規矩與目標來自於假設人性本善或本惡、競爭或合作、信任或自私、孤獨或連結、無望或救贖、劣等或優等，這些看法影響了特定的社會成員。

你也許熟悉安慰劑效應，但相反的（所謂非安慰劑效應）也同樣眞實有力。例如，如果你相信一顆糖會讓你生病，你大概就會生病。用在人際關係上，有很多證據顯示我們對他人的負面預期，對他們的行爲或表現有很強的負面影響（請參閱羅格・布雷格曼《人慈》），很容易就會啓動惡性的增強性回饋循環，負面預期成爲自我實現的預言，更加增強了負面看法，如此循環。這是種族歧視如此危險的原因之一。

我們在〈前言〉中談過，西方世界主要的人性觀點是趨向悲觀的。爲了讓奴隸制合理化，白種歐洲人開始把他們自己與較不「文明」的文化做出區隔；我們也許都要克制原始衝動，但根據那個模式，有些人（通常膚色較深）不太能控制他們的非理性野獸部分。這種控制原始的矯飾理論（veneer theory）不僅可用在衝動上，也可用在人身上。本書的一個主題是我們如何思考與連結內在世界的居民，可直接反映到我們如何思考與連結他人。如果我們活在恐懼中，努力想控制我們的某些部分，我們就會對類似那些部分的人有同樣的作法。

矯飾理論認爲文明形成了必要的保護層來限制與隱藏我們所有不斷想冒出來的原始本能，歷史學家羅格·布雷格曼認爲，與矯飾理論相反，人性基本上是良善的。他推翻了著名思考家的研究，如理查·道金斯（Richard Dawkins）、菲利普·金巴多（Philip Zimbardo）與史丹利·米爾格蘭（Stanley Milgram），他們都對人性抱持極悲觀（與極有影響力）的看法。當羅格·布雷格曼審視這些著名研究的方法與資料，他發現很多扭曲與造假，可以直接否定他們。

布雷格曼的論點是我們根據這種人性自私的看法來組織所有的機構，如果我們發現並非屬實，一切就必須改變。我們一旦改變模式來承認所有人的本性都是正直善良，我們就可以重新組織我們的經濟系統、學校與監獄。他根據人性本善的看法提出許多成功的機構與計畫例子，例如挪威的監獄系統有世上最低的再犯率。與美國監獄相反，挪威的獄警被教導與囚犯交朋友，協助他們準備正常的生活。在此同時，美國的囚犯人數從一九七二年以來增加了五倍，美國幾乎監禁了全世界四分之一的囚犯。說到種族歧視，這些囚犯幾乎有六〇%是黑人或拉丁裔（數據摘自《人慈》一書）。

顯然我們的控制與限制的矯飾作法並不管用。如果眞的沒有壞的內在部分，只有負擔讓它們被凍結於過去，那需要的會是放下負擔而不是被懲罰？如果所有人的本性都有眞我可以很快觸及？這個世界將會多麼不同？

爲何負面看法很危險？

宣戰對抗（例如強迫、懲罰、羞辱）任何社會問題，會啓動增強性回饋循環，可能摧毀任何系統，因爲這種循環會隨著時間加劇，耗盡系統資源。

內在世界也是如此。宣戰對抗內在保護者，只會讓它們更強。傾聽它們、關愛它們，卻能幫助它們療癒與轉變。這裡的挑戰是我們個體與集體上都被強硬的懲罰性內在部分所管理，它們相信人（與其內在部分）基本上是惡的，必須宣戰對抗。如果你相信你的內在有危險的獸性或邪惡的衝動必須不斷被監督控制，如果有必要就宣戰對抗（矯飾理論用於內在世界），那麼你把其他人也看成如此就是合理的，你對社會問題的態度將不可避免動用控制策略與戰爭。

一而再的，我們看到國家領袖把另一國的人民妖魔化，來讓戰爭合理化。如查爾斯·愛森斯坦（Charles Eisenstein）在《我們心中所知更美麗的世界是可能的》（*The More Beautiful World Our Hearts Know Is Possible*）書中所言：「有太多鬥爭、救世運動、戰爭、呼喚，以武力打敗敵人……西方精神的內在戰亂完全符合了它對這個星球所造成的外在戰亂。」

我在治療飲食失調病人時研發了內在家庭系統，治療這些人最常見的作法是專注於「打敗」他們的失調（預設了結果）。我們的文化對毒品宣戰也是一場無止盡的災難，在全世界有嚴重的意外後果。我們需要一種新的作法，不再想要殺了信使，而是去聆聽信息——不再對大自然或人性宣戰。

這種觀點——人的本性罪惡、凶悍、自私、衝動，必須由理性心智（或上帝的幫助）來控制，也導致了人與人的極深失連感與對自己的厭惡。如果大家都自私自利，你也應該如此。你必須保護自己。你不應該太開放或單純。你必須小心背後。這種作法的問題是並不管用，只會令你感到孤單、羞辱與恐懼，使你覺得必須躲藏與擔心受到拒絕。當你相信自己是個分離，自私與有罪的靈魂，其他人也跟你一樣邪惡，就很難不感覺孤單，就算是跟人在一起也一樣。當你跟可悲的自己單獨在一起，你會感到更受排斥與無價值，結果就會更爲退縮。

但是如果你知道自己的孤單是由你的其他內在部分所把持？如果你能認同自己的眞我，而不是被流放的內在部分？如果你能看到身邊人們的眞我？

改變取決於我們的心智

我在第一章提到傳承負擔。特別是種族歧視、父權統治、個人主義與物質主義這四種，開國元勳從歐洲背負到美國後，傳承負擔就主宰著國家的心態。每一種傳承負擔再加上其他負擔，產生了瀰漫一切的感覺，讓我們都失去了連結，獨自活在一個狗咬狗的危險世界裡。結果他們創造出系統理論家所謂的**增強性回饋循環**（reinforcing feedback loop）。競爭性的分離感（相信有足夠意志力就能成功）導致人們放逐與藐視那些不如他們成功的人，結果創造出更多在系統內求生的分離感與恐懼感，導致更多的放逐，以此類推。

有一種增強性回饋循環在各種系統中都很常見，被稱爲**成功者享有成功**（success

for the successful）。如財富分配，我們發現那些有更多特權、累積資產、內線情資、特殊管道與影響力的人可以創造更多的特權、資產、管道與情資。另一方面，沒有這些優勢的人就被放逐，他們與他們的子女得到較差的教育，難以取得合理利息的貸款，被制度排擠，因爲種族或階級而受到歧視。還有，他們的聲音很少被政治人物聆聽，政治人物更關心社會上有影響力的成員，例如有錢人。很遺憾，實情正如梅多斯在《系統思考》中發出的警告：「一個有無限制增強性回饋循環的系統最終會自毀。」

然而，在所有的生命系統中，有另一種重要的回饋循環對生存很重要。生物體在不同的生理過程需要維持體內平衡（homeostasis，穩定性）。對人類而言，包括了體溫、血糖、血氧量、血壓等。當任何這些變數超過了健康範圍，就會觸發接收器，啓動一種回饋過程讓變數回到範圍內。與增強性回饋循環相反，沒有讓變數增大，這些恢復體內平衡的被稱爲**穩定性或平衡性回饋循環**。例如，如果你的血糖值太高，胰臟會收到通知分泌更多胰島素，直到血糖回到健康範圍。

如果我們把地球想成是一個活的系統或生靈，如蓋亞，那麼新冠疫情可以視爲一種穩定性回饋循環的部分。人類有史以來，占九九%的時間並未對地球環境構成威脅，但自工業革命後，世界的人口，以及剝削地球資源的能力，在過去兩百年間爆發。從一八八〇年代末，我們搭乘著不同的增強性回饋循環前進，因爲它們實際改善了大多數人的生活，我們被進步的神話所說服。遺憾的是，其餘的部分地球並沒有一起改善。

由於我們的汲取、放逐與不連結的態度和行爲，**我們失去了感受地球的能力**。我們的接收器對於地球數十年來給予我們的回饋感覺麻木了，地球透過各種顯而易見的跡象一再告訴我們，她不快樂、不健康，但是主宰我們人類的強制奮鬥部分太專注於金錢與物質的利益，看不到那些跡象。我們不再關切地球，把她當成可以隨意利用的資源。但這樣做是有後果的。

再回到疫情；科學家警告，如果我們不保護自然，就會出現更嚴重的流行病，他們表示：「狂亂的叢林砍伐，失控的農業擴張，過度的牧業，礦業與基礎建設，還有對動物的剝削，造成了疾病從野生動物擴散到人類的完美風暴。」並且警告有一百七十萬種未被確認的病毒會感染人類，可能存在於哺乳類與水鳥類。其中任何一種都可能爆發，比新冠病毒還要致命。他們更建議即刻採取行動讓各國了解人類、動物、植物與我們共享的環境間複雜的健康連結關係。除此之外，我們還需要在最脆弱、缺乏資源與經費的國家建立健保系統。換言之，他們認爲必須讓各國領袖成爲系統思維者。

也許氣候危機與病毒是內建的穩定性回饋機制，當物種超過了地球的穩定平衡範圍就會啓動。這種推論也許讓人感到冷血，我當然不想忽視今日疫情在全世界造成的難以想像的痛苦與死亡。我主要的用意是，懇請我們快點學習這場危機教訓，讓我們可以盡快結束疫情，避免未來更惡劣的災難。

如果我們所有物種都終於能夠聽到訊息，轉變我們的價值觀與優先順序，也許我們可以避免地球母親更惡化的穩定性回饋。也許我們可以再次開始傾聽她與尊重她。但我們必須有劇烈的模式轉變才能做到。**我們的命運不是操在我們手中，而是在我們的心智中。**

萬事萬物都是連結的

如愛森斯坦在《我們心中所知更美麗的世界是可能的》書中所敦促，我們必須放棄「分離的故事」而採取「互連的故事」。**我們需要系統思維的領導者來提醒大家，我們都是一夥的。**

我常請個案把他們的極端內在部分聚集在一起，直接與它們對話。我要個案問每一個內在部分的第一個問題是，它們有沒有什麼相同之處。每一個內在部分通常會驚訝發現它們共享同樣的期望，要讓自我安全，但它們的作法完全不同。了解了它們是彼此連結的，它們會願意一起努力，爲它們所處的更大系統（個案）謀福。同樣道理，幫助人們、家庭、公司、國家與國際了解彼此的連結，可以帶出這些層面的眞我，眞我總是可以帶來療癒。梅多斯提醒我們都是互相連結的──「人類沒有一部分是與其他人或地球生態系統分離的。」──《系統思考》

如果地球的氣候崩壞，所有人都要受苦，富人也一樣。如果一家公司的工人過於操勞，公司就會失敗，老闆會破產。如果你讓腦部主導，忽略了身體其他部分，你會生病，你的腦部會跟著身體一起完蛋。有大量的貧窮人口會耗盡國家的資源或造成暴力的社會動盪。如果你放逐了脆弱的內在部分，它們最後會摧毀你。

與痛苦連結是變好的開始

目前，我們把自己與其他人視爲基本上是自私與有過錯，導致了狗咬狗，無情的經濟與社會系統。因爲我們處理問題時脫離脈絡（也就是非系統思維），我們解決問題的對策通常弄得更糟——傷害地球與造成大量被放逐的人。放逐對任何系統都是有毒的。切斷了我們彼此的連結，與身體、地球及靈性的連結。

我們的內在世界也被這種模式所汙染。我們的內在部分反映了外在系統——很多流放者，很多討厭流放者的保護者，我們的負擔是內在系統的基本組織原則，而不是我們的眞我。顯然這種與自己和世界的相處方式無法持久。以下是我提議的另類模式。

在我們每個人之內有一個智慧的、慈悲的善良本質，知道如何和諧地連結。除此之外，我們不是單一的混亂心智，而是內在部分的系統。當然這些內在部分有時候會破壞或傷害，但它們一旦放下負擔，就回歸到善良的本質。因爲這是眞實的，我們每個人都有一條清楚的道路，讓我們的內在與外在可以遵循那種本質生活，這種了悟的自然結果是慈悲與勇敢的行動。

我知道聽起來很宏大，但達成這個模式轉變並不眞的需要重大的犧牲或受苦。去找回被你遺棄的內在部分可能會令你痛苦，但這個努力是値得的。這是你可能得到的收穫：更愛自己與他人，更能接觸自己的內在快樂與豐富的悲傷，以及更有意義的嗜好與行動，儼然一種完滿的願景。

Exercise

體驗練習：每天練習IFS冥想

這是我與其他內在家庭系統練習者使用的冥想，以強化我們內在的模式轉變。我鼓勵各位每天都自行練習。

首先花些時間讓自己放鬆。如果有幫助就深呼吸幾次。如果你已經練習過本書稍早的一些練習，希望現在你認識了幾個你的內在部分。我要請你專注於你最早認識的幾個。目標是看看它們現在情況如何，有沒有什麼需求，以及還有什麼要讓你知道的。這是為了與你的內在部分建立持續的關係，讓它們感覺與你有較多的連結、比較不孤立或孤單。

此時，提醒它們，你與它們同在，你關切它們，告訴它們更多關於你，因為就算你接觸了內在部分，它們常忘記那些事情，直到它們放下負擔。提醒它們，它們並不孤獨，而你已不是個孩童，你可以照顧它們的需求。

目標是認真看待你的內在部分，視它們有如你的孩子。好消息是，你的內在部分不會像真的孩子那樣需要那麼多的照料與滋養，它們時常只需要知道你正在建立的連結，只要提醒它們就好。

然後在某個時刻，你可以擴大你的範圍，邀請其他需要注意的內在部分來找你。在不同的日子，不同的內在部分會出現。只要去認識它們，看它們需要什麼，讓它們知道你是誰，它們不再是孤單的。

接下來是選擇性的：如果你想要，你可以再次探視這些內在部分，邀請它們在公開空間放鬆幾分鐘，要它們相信那是安全的，讓你更進入你的身體。它們的能量被觸發時會讓你比較難處於身體中。如果它們願意讓你更進入，你會發現當它們放鬆時有一種轉變，你會感覺到心理與身體內有更多的空間。提醒它們這只要幾分鐘，這只是一次實驗，看看如果讓你更進去會怎麼樣。它們不想這樣也沒關係，你就繼續去認識它們。但如果它們願意，注意空間感與處於身體的品質增加。觀察更進入你的身體，有更多空間是什麼感覺。

你可能會注意到你的呼吸或專注力有所轉變。你也許感覺肌肉放鬆，與一種安祥，一切皆好的感覺。如我說過，你也許會注意到一種能量穿過你的身體，讓你的四肢有點震動或搔癢。我的聽覺很靈敏，所以我也發現我在這種狀態時的聲音會改變。我也喜歡那種沒有急迫事件的平靜。

如果你的內在部分難以放鬆，這只意味著它們在某些時候需要更多的關注。所以讓它們知道你明白了，它們不需要做任何事。等感覺時間到了，你可以把注意力轉回到外面這裡，謝謝你的內在部分讓你知道一些事情，提醒它們，你將來會更常做這個練習。最後，深呼吸幾次，幫助你回來。

我在一天中，常會暫停下來觀察我有多麼處於這種狀態。當沒有時，就意味著某個內在部分取得控制，或至少比較活躍，我可以很快找到那個內在部分，提醒它現在可以安全信任我，它可以放鬆一些，打開更多空間。花了一些時間，但現在我的內在部分幾乎每一次都會很快配合，我可以再次感覺到能量與空間，我可以從那裡來與人連結。

這成爲了日常的練習。除了觀察內在部分，幫助它們相信可以安全打開空間，通常需要主動與它們進行一些療癒，因爲只要你的系統是脆弱的，就很難讓它們信任你。所以配合這個冥想練習，我與其他內在家庭系統練習者會主動進行療程來讓內在部分放下負擔。

Chapter 5

描繪你的內在家庭系統

現在你已經學到了幾個練習，更了解系統與我們在這裡想要達成的模式轉變，我要談談內在部分組織自己彼此連結的一些方式。我已經談過流放者與保護者的主要區別。我們現在更深入談談這些內在部分是什麼樣子。

流放者：既天眞也脆弱的內在小孩

我們從流放者開始。它們通常是較年輕的內在部分，一般稱爲「內在小孩」。在我們受到傷害之前，它們是快樂、活潑、創意、信任、天眞與開放，是我們喜歡親近的內在部分。然而它們也是最敏感的，所以當有人傷害、背叛、羞辱或嚇唬我們，它們就會從那些事件得到偏激的想法與情緒（負擔）。

被創痛或傷害附著之後，這些內在部分吸收的負擔把它們從愉快活潑的狀態變成慢性受創的內在小孩，被凍結在過去，能夠控制我們，把我們拉回到那些可怕的場景。它們從感覺「我被愛」變成「我是無價值」與「沒人愛我」。當它們溶入我們時，那種偏激想法成爲我們的模式，讓我們感受到它們所有的情緒負擔。再次體驗那些情緒時，相信是難以承擔的，**那些負擔經常阻礙我們日常生活的運作能力**。我有一些個案當他們的流放者取得控制時，會一整個禮拜無法下床。

因爲這樣，我們努力把流放者鎖起來，認爲自己只是在擺脫惡劣的回憶、感受與情緒，卻不明白我們正與我們最寶貴的資源失去連結，只因爲它們受創了。這是因爲我們深信單一心智模式，容不下可療癒的內在受創部分，更別提傳統教導我們，受創時最好的作法就是堅強地站起來繼續前進。

的確，當你受創後，你周圍的人大概都會告訴你：「只要忍一忍」或「別這麼敏感」。對於這些年輕的內在部分，這只是在傷口上抹鹽。創痛來自於事件，然後你遺棄與監禁來羞辱它們。結果它們通常更渴望受到關注，只要一有機會就努力掙脫流放狀態，例如當我們疲倦時；當我們沒有得到獎賞來安撫它們時；或當我們受到與原始事件類似的創痛或羞辱時。

這是非常不必要的悲劇。這些快樂的內在小孩受創，然後被遺棄，我們不再能夠觸及它們美妙的特質，甚至認爲這是長大成人的過程，不再感受到強烈的喜悅、敬畏與愛。

就算當它們被放逐了，它們的負擔仍有潛意識的效應，影響我們的自尊、選擇親密伴侶或事業等。它們是過度反應的幕後推手，讓我們感到迷惑，不明白爲什麼某些小事情會讓我們抓狂。

在成長的過程中很難不累積一些流放者。小時候，我們幾乎必然多次受創、受到羞辱、被家人或同儕威嚇，然後冰冷地期待自己站起來繼續前進。受虐的倖存者不可避免會有許多流放的內在部分。

除了我們脆弱的內在部分受創被放逐之外，還有其他活躍的內在保護者不見容於我們家庭，或者它們嚇到了周圍的人。這些會成爲我所謂的**「流放保護者」**。羅伯·布萊（Robert Bly）完美的詮釋了這些內在部分——

奔跑的孩童是活生生的一個能量球。我們都曾經有一個能量球；但有一天我們發現父母不喜歡這個球。他們會說：「你不能停下來嗎？」或「想殺掉你弟弟並不

> 好。」我們背後都有一個隱形的袋子，我們父母不喜歡的部分，爲了維持父母的愛，我們會放入袋子中。等我們開始上學時，袋子已經很大了。然後我們的老師這麼說：「好孩子不會因爲小事而生氣。」所以我們把憤怒放進袋子裡。到我十二歲時，我和弟弟在明尼蘇達州麥迪遜被稱爲「布萊好孩子」，而我們的袋子已經有一哩長了……當我們把我們的一部分放入袋子裡，它就退縮了，朝向野蠻反進化了。如果一個年輕人在二十歲時封起袋子，等待十五或二十年才打開袋子，他會找到什麼？很遺憾，他放進去的性感、狂野、衝動、憤怒、自由，全都退化了；它們不僅心情原始，也對打開袋子的人充滿敵意。在四十五歲打開袋子的男人或女人應該要感到恐懼。他們會瞄到一隻人猿擺盪的身影；任何看到那種景象的人都會害怕。我們不愛的任何人格部分都會對我們懷有敵意。——摘自《*A little book on the Human Shadow*》

這些流放者被佛洛伊德稱爲本我（Id），他錯誤地假設它們只是原始的衝動。如我稍早說的，這種負面的看法只助長了西方文化對人性的有害觀點，深深影響了心理治療，使我們對了解內在部分失去興趣。

一旦有了很多流放者，你會感到更加脆弱，世界似乎更危險了，因爲有太多人、事、情況可能觸發它們。當流放者被觸發，從我們用來閉鎖它的東西掙脫出來，我們會感覺快要死了，因爲那就如同原始事件發生當下般的恐懼與羞辱。或許正如布萊所說，我們會害怕是因爲流放者變得如此偏激。

稍後我將進一步談論這個主題，但現在只以靈性的參考來作說明；我們流放者的無價值感會潛意識地驅使我們迎向靈性或承諾救贖的大師。同樣的，因爲它們的恐懼與受創，我們可能很容易會去崇拜一個大師或全能的上帝。

管理員：保護你不再受傷的父母化小孩

當你有了很多流放者，你的其他內在部分就必須放棄它們的價值角色來成爲保護者。就像你的內在青少年被迫成爲軍人或警察。有些採取了控制外在世界的角色，防止任何觸發——它們管理我們的人際關係、外貌與表現，時常對我們吼叫，就像我們的父母或老師那樣，而我們就會更努力的掩飾自己。這些內在部分會成爲內在批判者。其他內在部分採用另一種作法，想照顧所有人，卻忽略了自己。有些內在部分極爲警戒，有些很聰明，善於不讓我們進入身體。這些內在管理員有很多共同的角色。它們都想用控制、討好，或中斷連結來防止我們觸發我們的流放者。

所以**管理員是一種保護者**。這些內在部分背負著沉重的責任負擔，而且往往超出了它們的能力，因爲它們也很年輕。在家庭治療中，我們把採取這些成人責任的孩童稱爲父母化小孩。

管理員是父母化的內在小孩。它們通常非常疲倦與緊張。它們想要讓流放者對世界感到安全，同時也要管住流放者。它們也有能力讓我們的身體麻木和沒感覺，因爲如果沒了感覺，就不會被觸發。管理員總是在工作中，它們有些永不休眠。

有些管理員不希望我們對自己感覺很好，因爲擔心我們會去冒險受到傷害。它們撕扯我們來保護我們。它們是我們自我厭惡的內在部分，會去破壞任何讓我們感覺好的事情。它們也許讓我們嘗試冥想或其他靈修，但通常只是爲了減輕壓力，而不是與非二元交融。如果可以幫助它們管住流放者（放在可管理的靈性通道中），它們是很樂意的。它們主要是要讓我們變得渺小，因爲最安全的地方是雷達偵測不到的。

大致上，管理員不喜歡任何讓我們脫離它們控制的事情，如我在上面說的，不太喜歡任何事情讓我們打開內心、感覺自信，或感覺自己很好。另一方面，有些管理員想要歸屬感，取悅所有人。例如，有些內在部分讓我們追求信仰，定期上教堂或寺廟，但是對直接體驗神靈則完全沒興趣。

消防員：不擇手段要你忘掉痛的救火員

消防員是另一種保護者。儘管我們的管理員努力想防止，世界總有方法觸發我們的流放者，打破心理治療上所謂的防禦。那種情況就是重大的緊急事件。對許多保護者來說，體驗被放逐的痛苦就像感覺可能會死掉般。結果我們通常有一組內在部分專門處理這種緊急事件，立刻展開行動撲滅那股內在的火焰——從流放之處噴發出來的情緒火焰。

管理員努力預防任何觸發流放者的事情，相反的，內在消防員則是在流放者被觸發後才啓動，拚命（通常很衝動）地想要撲滅情緒的火焰，驅使我們用某種藥物或活動讓情緒更高亢以麻痺痛苦，或是設法讓我們分心，直到火焰自己熄滅。

根據你對流放者有多恐懼，消防員所採取的手段就越極端，不理不顧這對你的健康或人際關係可能造成的連帶傷害。它們只知道必須立刻帶你離開那些情緒，怎麼樣都好！有時它們感覺死亡是合理的，當其他對策都不管用時，自殺會是某些消防員的選項。

我在第一章提到「靈修閃躲」。許多人冥想來逃避他們的情緒，**我發現用靈修來超越流放者，在我治療的團體中非常氾濫**。消防員會讓你對靈修成癮，因爲那是它們很好的對策。只要你去做，就會感覺很好，不像其他的成癮選項，沒人會因爲你去靈修而不高興，包括你自己的管理員。事實上，其他人會佩服或嫉妒你的紀律，把你視爲神聖。不像管理員，消防員喜歡來到更高的領域，失去控制——距離你的痛苦越遠越好。在更高的領域，你可以觸及很多純粹的眞我，感覺很棒，儘管無法療癒任何東西，而且會讓流放者感覺被推得更遠了。

流放者通常渴望救贖，消防員則像那些內在年輕的保母，而且是無法讓孩子停止尖叫的保母，使得你的系統被一波波的焦慮或羞愧襲擊。因此，消防員迫切想找東西讓流放者感覺好一些，通常成爲了召集者，尋找特殊的某人或靈修。它們把我們變成了追尋者，從一種冥想或靈修大師換到另一種，尋找可以永遠讓流放者感覺好些的那一個。或者，如果它們找到了似乎有效的一個，它們就成爲熱烈的支持者與信徒。許多人帶著很多流放者來靈修，因爲他們身負的強烈創痛，希望尋求舒緩。很遺憾，許多靈修並不知道如何處理創痛，只能幫助他們閃避。

關於消防員的最後一件事。在強調剛強的文化下，我們看不到流放者受苦，或感覺到我們施加地球的暴行，我們需要分心。我們有一堆消防員活動來幫助我們麻木道德創痛的苦。別忘了，眞我看得見，感覺得到，會採取行動來改變不公義，但爲了可以不採取行動，我們就會需要非法藥物或處方藥物、持續不斷的媒體娛樂、耗盡心力的工作與靈修閃躲。

我沒有要以這方面的領導模範自居。但我的確花了很多的時間看電視與球賽，而不是上街抗議。我安慰自己，推廣內在家庭系統很重要，而且我還是需要我的消防員來讓我不那麼執著於世界的狀況，或把所有時間與精神都用在抗議活動上。

我要再次強調，這些分類：流放者、管理員與消防員，並不描述你的內在本質。它們只是一些因爲你的過往經歷而被迫扮演的內在角色。

回到系統增強、穩定性回饋與體內平衡等概念，管理員通常是系統的體內平衡機制。當你的行爲或內在經驗脫離了它們認爲是安全的，它們就採取行動把你帶回來。例如，如果你的許多內在部分都背負著負擔，認爲世界非常危險，最好保持隱形，當你開始覺得自己很好，你的批判者就會把你扯下來，因爲擔心你會開始冒險。如果批判者被閃過，其他管理員就會介入——也許你會茫然或睡著。許多學習冥想的人覺得失敗，是因爲他們努力練習，結果卻背負著負擔。內在部分不讓他們冥想，因爲它們不認爲打開內心是個好主意。

在這個例子，你的管理員想要關在體內平衡範圍中的變數是你的自我價值。其他人可能是憤怒、悲傷、活力或需求。還有其他人的行爲，如不自主的動作或言語、自信或脆弱。**我們都有負擔致力於保護我們安全與體內平衡**。差別在於它們使用的穩定性回饋行動，而不是在於它們的意圖。

在某些方面，消防員似乎是增強性回饋循環的一部分，因爲它們的行動通常帶你遠離管理員的舒適體內平衡範圍。然後這些管理員會盡力帶你回來。的確，增強性循環時常是在消防員與管理員之間——管理員越想要控制它們，消防員就越頑強，在某些情況會導致你的死亡。但消防員的行爲本身通常是體內平衡的，原本的目標是撲滅或分散流放者的情緒，直到它們回到可容忍的範圍。

流放者被觸發通常會啓動增強性回饋循環，因爲管理員或消防員會想要壓住流放者，讓流放者更努力想掙脫或吸引你的注意。例如當你的管理員說服你不理會流放者嘗試引起你的注意，接著原本只是輕微的頭疼變成了劇烈的偏頭痛。

這裡要說的是系統思維與追蹤內在部分對於問題的活動順序，可以讓你避免錯誤，如與管理員一起壓迫你的消防員或流放者——去吃止痛藥而不是去傾聽流放者的痛苦。或你傾聽與感受了流放者的痛苦之後，如果第二天你感覺想自殺或去喝得大醉，你與你的治療師也不會過度反應。你與治療師會相信是流放者觸發了未獲許可的消防員，現在你感到害怕，只是爲了達成體內平衡。再次強調，有創痛的內在系統是很脆弱的生態系統。就像外在的生態系統，一方面的改變會有無法預見的後果。但如果你用系統方式來思考，就不太會如此——後果常可預見，從眞我那裡來預防或處理。

當然這個地圖不僅適用於內在系統，也有效用來了解家庭與企業的運作，我相信可用在人類系統的任何層次。內在部分與人的系統常會極端化，形成保護性的同盟，當受創與缺乏有效領導者時又會排斥與中斷彼此連結。

本書的練習主要是幫助你認識與感謝你的保護者。靠自己來接受流放者相當困難。如果你開始難以招架流放的感覺，就必須轉移練習。在大多數情況，可以認識你的一些流放者，但我們不是要你眞正親近幫助它們，因爲大多數人，包括我自己，需要有人陪他們這麼做——最好是一位內在家庭系統治療師，或至少當你情緒化時，旁邊有人可以處於眞我中。

我多年前學到要尊重保護者與它們保護系統的權利，它們不希望被推開。有負擔的內在系統是很敏感的環境，我們需要謹慎接近與探視。你的保護者們花了一輩子時間不讓你（以及其他人）接近你的流放者們，所以你得先諮詢它們，並且有個好理由說服它們讓你去那裡。在沒得到保護者的許可下，就不能去找流放者。

我早期研發內在家庭系統時學到了教訓。個案描述有內在部分充滿痛苦與恐懼，似乎需要療癒，所以我盡快讓個案去找它們，等我們到達時，我們不自覺地跳過了保護者。我們稍後會在夢娜的案例看到，有些個案經歷了強烈的反作用（自殺衝動、身體疼痛或發燒、自我厭惡、自我不信任），保護者因爲我們的入侵而懲罰他們。因此我們學到在個案的生態系統中要當個有生態敏感性的訪客。

因此我現在要推出這個地圖，讓你繼續練習時可以想到我們的位置，我們的目標。再說一次，這是相當簡單的地圖：流放者、管理員、消防員。你可能找到唯一的其他分類是我稍微提過的流放保護者。這些內在部分不是那麼年輕與脆弱。它們通常是衝動的消防員，被管理員關起來，因爲它們傷害了某人或有這個可能。或因爲滋養你的父母或文化羞辱了你有的那些內在部分。你通常會非常害怕，對那些內在部分有扭曲的看法，直到你開始傾聽它們，發現它們跟其他保護者沒什麼差別。它們也需要你的幫助。

再一次提醒，我在這個地圖上描述的分類並沒有捕捉到內在部分的本質。它們只是內在部分因爲童年經驗而被迫扮演的角色。它們被負擔所把持，被凍結在過去。找到它們，放下負擔，從角色釋放後，這些內在部分會變得很不一樣，個個都極具價值。很難預測它們會變成什麼；管理員可能只想躺在沙灘上，消防員可能想做健康有趣的活動，而不是去喝醉。

治療實錄：夢娜堅持完美與掉入黑洞的內在部分

最近一位內在家庭系統治療師找我諮商一次療程，他的個案夢娜四年前曾經精神崩潰，現在想探索可能涉及的內在部分，但她很害怕。夢娜告訴我，上一次發作時，她被送進醫院，診斷出有躁鬱症，被施予抗精神病藥物。後來她重建了生活，但她因爲擔心再發作，仍繼續服藥，不過她想試試內在家庭系統是否能幫助她了解狀況，讓她得到自信，不用擔心會再發作。

她的治療師（鮑伯）陪她一起進行視訊通話，我要夢娜專注於躁亂的內在部分，在身體上找到它。她在胸部發現它，並且看到了她自己在精神病院的景象，感覺受困與絕望。我問她對於那個較年輕的女子有什麼感覺，她說她爲那個女子感到抱歉，想要擁抱她。我叫她這麼做，而她也做了，但突然間她離開了那個場景，說她想睡覺。我要求直接與那個用睡意帶她離開的內在部分對話，問它爲何不敢讓她與那個內在部分待在醫院。它說它擔心內在躁亂部分會再次取得控制，她就會回到以前的處境。我說那很合理，但我知道如何不讓它取得控制，我們要幫助它不用進入這個躁亂的角色。茫然想睡的內在部分後退，夢娜回去擁抱醫院裡的女子。

突然間，她看到一個巨大的深淵，感到害怕。我要她把害怕的內在部分帶進一個等候室，向她保證，如果她想進入那個黑洞，她的治療師與我會陪著她。現在她感到好奇，想與我們一起進去。我們進去，她看到一隻手從黑暗中伸出。她握住那隻手，我們離開了黑洞，發現那隻手是一個四歲小女孩的。夢娜擁抱小女孩，同時向她道歉把她丟進了黑洞。我要她問問小女孩過去發生了什麼事。一個保護者跳進來說是小女孩的錯。

我直接問保護者，它怎麼會有這種想法。它說她的父母總要她與姊妹們對於男孩子的態度謹愼負責。我告訴那個內在部分，可以了解它相信父母是要保護她們，但我們要幫助四歲小女孩放下她的所有情緒，我們不會主動相信她所顯示的情況——我們只要療癒她。

夢娜突然看到小女孩赤裸的站在外面，她不確定她怎麼會在那裡。我要她去問小女孩。「有一個少女來我們家住。她說它對她做了什麼，但她不知道，因爲她覺得茫然，睡著了。」我說：「對，就是今天同樣的茫然想睡的內在部分保護了她。我們要記得感謝它救了你。」我叫夢娜進入場景中陪那個小女孩，就像她當時所需要的。她做了，給那小女孩一些衣服，帶她離開場景，來到此時，幫助她放下一直背負的羞愧與恐懼負擔。

現在小女孩感到快樂，想要玩耍。我叫夢娜帶醫院的狂躁女子來看看小女孩，那個女子脫下醫院病袍，放下狂躁的負擔情緒。夢娜說：「我想當我經歷精神症狀時，我的腦部了解一些情況，但實在太多了。」我們結束療程時交給夢娜功課，要她每天練習查看這些內在部分，至少爲期一個月。她說她感到輕鬆與舒緩。

但是幾個小時之後，我接到她的治療師驚慌來電說夢娜企圖自殺。他要我再跟她談談。

里查：怎麼回事？

夢娜：我開車回家時突然強烈感覺想要自殺。有一個內在部分對我很憤怒，想要殺了我。

里查：好，我們來處理。讓我跟它談，看它想要告訴我們什麼。你在嗎？

夢娜：夢娜是個蠢婆娘！我恨死她了！我想要她死！我要傷害她，打她！

里查：（平靜）為什麼？告訴我為什麼。

夢娜：她什麼都做錯了！

里查：如果你不殺她或傷害她，你擔心會發生什麼？

夢娜：她會繼續搞砸一切。

里查：她搞砸了什麼？

夢娜：（哭泣）她無法給我們所需要的愛，因為她搞砸一切。每一段感情。

里查：好，但告訴我你現在為何對她這麼生氣。是跟我們的療程有關嗎？

夢娜：她讓大家都看到她被暴露了，光著身體。

里查：她那樣被暴露對你是什麼感覺？

夢娜：那是最糟糕的事情！她必須堅強完美。

里查：你覺得她多大？

夢娜：（以夢娜發言）它說我是三十二歲。我告訴她，現在我老了很多。

里查：很好。我想當你是三十二歲時，它有很好的理由要你堅強完美。對不對？如果你放下戒備，她就會攻擊你。

夢娜：對，我就會沮喪，完全關閉，失去一切，持續很多年。

里查：她得知你現在不是那樣，是否感到舒緩？

夢娜：沒有，因為它說我大概還是會搞砸，受到傷害。

里查：好。讓我再次直接跟那個內在部分說話。（對那個內在部分說）跟我談你的這些情緒是什麼感覺？

夢娜：能告訴別人她有多蠢，感覺很好。

里查：不對，你所說的是她暴露自己有多麼脆弱危險，我們了解。我們知道有幾次真正需要你來幫助她不那麼做。你聽到這些話感覺如何？

夢娜：感覺很好。

里查：謝謝你與我分享這些，讓我再跟夢娜談。你在嗎？（她點頭）你現在對這個內在部分感覺如何？

夢娜：我對它有一種感情，它只是要幫助我不亂來。

里查：對，它只是要保護你安全，它不是真的想殺你。它不知道該怎麼辦，只能威脅你守規矩。讓它知道你了解了，看它如何反應。

夢娜：它鬆了一口氣。

里查：告訴它你目前的狀況，你有人可以信任，表現脆弱，如鮑伯（治療師）。

夢娜：好，它哭了，累壞了。我問它是從哪裡找到那些必須保持堅強完美的主張。它說是在我二十幾歲時。我抱著哭泣的它，它為自己的發作感到難為情。

里查：不需要。你找到它很棒。我很高興你們打給我，我現在要交還給鮑伯。

鮑伯：謝謝，里查。夢娜，你現在對這個內在部分感覺如何？

夢娜：很有母愛，我還在擁抱著它。

我報告這次療程的理由應該很清楚：不管我們事先如何與保護者確認，似乎得到了它們的許可，消防員在事後反擊是很常見的，如夢娜的情況。如果你碰上這種情形，不要激化了內在部分來啓動增強性回饋循環，而要嘗試好奇心。在我的經驗，那個內在部分只需要被了解，被肯定，被愛。

我們接近個案的流放者時，有不少人對我說出（帶著憤怒或羞愧）類似以下的話語：「我不知道你對我做了什麼。我已經戒酒十年，但昨晚我出去喝得大醉。」我的標準回答是：「太好了，因爲現在我們可以直接連線到一個尚未療癒的內在部分。」不用說，把症狀視爲內在部分的活動，在心理治療領域很難被接受。

在夢娜的情況，我想我們見到了三個消防員：茫然想睡的一個、狂躁的一個，以及想自殺的一個。我們也碰到一個管理員——那個責怪她的。你要如何分辨兩者差別？不是看保護性的活動，因爲幾乎任何活動都可以被兩者使用。例如，有一個個案是酒鬼。只要他感覺被輕視，他就去酒吧喝醉。但他漸漸發現，如果他一直都是酒醉狀態，他就不會感覺被輕視。因此飲酒從消防員活動變成了管理員活動。同樣的活動被不同的內在部分用在不同的目標——管理員想預防觸發流放者，消防員在觸發了流放者之後反應行動。

夢娜的例子也提出了重拾回憶的問題。夢娜看到自己是個赤裸小孩，說有一個少女對她做了什麼。這是正確的回憶嗎？我們沒有更多證據來確定。但是內在家庭系統可以重拾回憶與放下那孩子的負擔，而不需要知道回憶是否正確或運用在外面世界，仍然會有療癒的效果。

PART2

真我領導，
回歸完整的你

Chapter 6

IFS的療癒與轉化

什麼是內在家庭系統的療癒與轉化？

如我稍早說的，我們的社會（大致而言）與心理治療（特定來說）犯下了錯誤認知，假設內在部分就是表面的樣子。也就是說，認爲讓你吃太多的內在部分只是一種暴食衝動、讓你害怕發抖的只是恐慌症發作，全都是破壞性的衝動、情緒、思想模式或心理疾病。當你了解自己不是生病或有缺陷，你只是有了扮演極端角色的內在部分，你就會感到舒緩與自在。

家庭也是如此。例如，研究報告中關於酗酒家庭與被家庭推入手足角色的孩子，通常被稱爲迷失的孩子、英雄、代罪羔羊。但這些角色與那個孩子的本質並無關係。若是有個好治療師來重新組織家庭，孩子就可以從角色中解脫，展現他們的眞實面貌。我認爲內在家庭也是如此——內在部分被推入既定的角色，它們渴望獲得解脫。一旦它們自由了，就會轉化。

如果你是在完美和諧的文化與家庭中成長，你就不會有內在部分扮演那些角色。事實上，你幾乎不會注意到你的內在部分，因為它們會一起合作，彼此照顧，感覺與你的真我連結。換言之，你的內在系統會是和諧的。有些人仍處於自然的價值狀態，他們的內在部分多半沒有承載負擔，也就不太需要協尋心理諮商。我們治療師通常接觸的都是內在部分有負擔的人，並從治療他們帶來的心理問題上獲益。

記住！內在家庭系統療法的目標是，讓內在部分從角色解脫，回到自然狀態，恢復對真我的信任，讓內在系統恢復和諧，成為自我領導。我們所謂的療癒必須達成這些目標，因為有負擔的流放者會繼續讓我們感到脆弱、焦慮、無價值、羞愧、孤獨與空虛。這些會持續驅動我們的保護者。

療癒這個字眼的本意是「恢復完整」或「拯救」。當我們療癒人類系統的任何層面，我們會把分散或極化的內在部分聚集回到和諧狀態，讓系統再次完整。療癒的家庭或企業成員不會消失——他們會重新和諧連結。內在家庭也是一樣的道理。

當真我把流放者從被困的過去帶回來，它就得到療癒。然後流放者可以放下負擔，重新加入系統其他內在部分。系統會感覺不那麼脆弱了，而保護者也感覺放下了負擔，採用更有價值的新角色。如此一來，所有用來不讓你被觸發，管制流放者的保護能量就可以釋放，並用在更健康的活動上，你可以使用療癒的流放者更美好的情緒與資源。

處理內在流放者要特別謹慎小心

以下用一位個案的療程摘要來說明：雪柔在男友向她求婚之後就來找我。她對他的當下反應是恐懼，她不了解原因，因爲她眞的很愛他。他們在一起很久了，她也很了解他。現在她懷疑起自己，覺得她的直覺看到了自己還沒看到的東西。她不知道是否該分手，感受到極大的壓力。

我請雪柔觀察那種恐懼，去認識它。她發現恐懼是在肚子裡，當我問她對那個恐懼有什麼感覺，她說她很怕它，不想聽它說話。我要她去問其他內在部分是否能給我們一點空間，來認識它幾分鐘。它們同意了，只要它們之後也可以表達。現在雪柔說她對那個恐懼很好奇，問它爲何如此害怕。恐懼終於讓她看到自己還是小女孩的畫面，當時她覺得被酗酒的父親所困，他對她暴力相向使她受傷，而它記得這個回憶，但刻意降低了衝擊力。

原來那個恐懼是一個保護者，當時做出了「永遠不再」的決定——它永遠不再讓那個小女孩（它保護的流放者）落入那種處境。雪柔聆聽著那個恐懼，它開始放鬆下來，我要她問問，我們是否能得到它的許可去療癒小女孩。保護者說它會在旁邊觀看，因爲它感到懷疑，但願意讓她試試。

這時我問雪柔，她對那個小女孩有何感受。她開始哭泣，說她感到非常抱歉。我要她靠近女孩，讓女孩知道她心懷慈悲。女孩歡迎她的注意，雪柔擁抱女孩，然後雪柔要女孩告訴她，父親有多麼糟糕。女孩不僅讓她看到受虐的情形，也讓雪柔感受到強烈的焦慮與背叛，是她當時持續不斷的感覺。當流放的小女孩感覺被聆聽了，雪柔進入那段時間，在小女孩的觀看下，告訴父親再也不能碰小女孩。然後她帶小女孩離開那段時間，來到她目前居住的房子，向小女孩保證不用再回到那段時間，雪柔現在會照顧她。小女孩相信之後，就願意放下所有的焦慮、無價值感與困惑。小女孩決定把那些都送出去，送進光明中。然後她邀請一種安全感與被愛感進入她的身體。

接下來，我們邀請恐懼爲主的保護者來看小女孩，看到它不再需要保護她了。保護者很高興看到那種情況，但它還沒準備好放下恐懼負擔（保護者也有負擔），因爲它還保護著我們沒見到的其他流放者。後來我們也療癒了那些流放者。雪柔與男友結了婚，據我所知，他們過得很好。

所以，這是內在家庭系統的療程例子。我在這裡提出摘要來說明你們目前在練習時會開始經驗到的。對於雪柔，我很快就去找她的流放者。我們目前還沒這麼做，我們也不會在本書中做。如我說的，自己一人直接處理流放者要很謹慎。但你可以開始訊問與了解那些驅動你保護者的流放者，然後也許在有經驗的內在家庭系統治療師的協助下去找那些流放者，或者跟一個你信任可以對你保持處於眞我狀態，就算你顯露太多情緒也不會被觸發的人。

流放者需要你去連結它們，直到它們開始信任你。然後它們需要你去聆聽發生在它們身上的事，知道情況有多糟糕。然後你可以回到它們被困的過去，把它們帶出來。此時，它們通常願意放下它們一直背負的信仰與情緒負擔。

當你讓保護者知道不需要再保護它們的流放者，保護者有時會驚慌。它們認爲你要裁減它們。它們做這個工作數十年了！我學到只要問它們，「你現在想做什麼？」因爲它們都天生期待去做對你內在有幫助的事。如我稍早說的，你無法預料是什麼事。許多管理員變成了顧問，不停戒備的內在部分現在只想偶爾低聲提醒你小心。其他的內在部分想去做與原本角色相反的事情。批判者成為你最大的擁護者。讓你隱形的現在想幫助你閃耀。

Exercise

體驗練習：出發，感受什麼是真我領導

由於這篇要談的是真我領導，所以我要提供你一個練習，讓你更能感覺到你的真我與真我能量。

請再次讓自己放鬆，深呼吸幾下。想像自己來到一條路的起點（base）。也許是你看過的一條路，或全新的。然後與你的內在部分在起點會合，問它們是否願意在那裡等待，讓你自己踏上這趟短短的旅程一會兒時間。

觀察它們對這個提議的反應。你可以看看那些害怕的部分是否可以被不害怕的所安撫，讓它們都知道你不會離開很久，這對它們和你都有益處，但它們如果還沒準備好就不要做。看日子而定；有些日子它們沒問題，有些日子它們會不願意，那是很自然的。如果它們不願意，就不要做。你可以花時間去更認識它們，

了解它們為何恐懼讓你嘗試。

但如果它們願意，那就走上那條路，提醒它們你很快就會回來。在不同的地方，我會停下來，要你去觀察某些事情，但現在只要走上那條路。

現在我要請你只去觀察走在路上的情況，特別是你有沒有想什麼事情？因為如果你有想事情，就意味著還有一些內在部分跟著你。看它們是否願意分開，回到其他內在部分那裡。如果不行，它們害怕什麼？

你也可以觀察你的身體，看有沒有什麼不太像你的真我。如果找到了什麼，那也可能是一個內在部分，你可以請它回到起點。如果你找到的內在部分願意回到起點，你會慢慢發現自己變得越來越純粹只是覺察，沒有什麼意念。如果內在部分不願意離開你，沒有關係，你可以只是花時間去了解它們的恐懼。

如果你發現自己觀看著自己走上旅程，這意味著有一個內在部分想要替你做。是誰在觀看？你可以要那個內在部分也回到起點，這樣你走在路上就不會看到自己——你會用第一人觀點直接看到四周。

如果你的內在部分都信任你這麼做，那現在你應該感受到我們所談過的一些特質：清明、無念、寬敞、當下、安寧、連結、處於身體中、自信等等。你也可能感受到某種震動能量穿過你的身體。我們稱之為真我能量。如果你感覺到那種能量，邀請它來流過你的全身。

如果你注意到能量無法流過某些地方，那裡可能有內在部分因為某種理由阻擋著，所以你可以看那個內在部分是否也願意回到起點。如果你沒有感覺到那些東西，就意味著還有內在部分跟著你，你可以觀察身體與心智，看是否能找到那些內在部分，問它們是否願意回到起點。

在某個時候，只要暫停下來體驗這個經驗。觀察你的身體有這麼多真我是什麼感覺。觀察你能感覺到真我的不同方式，以及真我能量如何呈現，在什麼地方？重要的是，記住這些訊號——你從這裡了解你的體認真我。當你過日子時，就可以知道你有多麼處於真我，或你的內在部分正在管理多少東西。

我時常檢查我的心有多開放，我是否在腦袋中有很多思維，或我肩膀與額頭上是否有壓力（我的管理員待在那裡）。如果我發現任何內在部分在運作，我就叫它們放輕鬆，回到起點來觀看我處理我所碰到的事情。「只要信任我就好。」我告訴它們。它們有一些在後退時要給我一些建議，那樣也很好。

如果現在你感覺到了很多真我能量，很多體認真我，你就可以邀請宇宙傳給你任何訊息。也許沒有東西出現，那也沒關係，但有的人會在這種時候收到清楚的指引。

現在我要請你回到路的起點，速度快慢隨意。等你回到你的內在部分時，看它們對你歸來有何反應，謝謝它們冒了風險讓你這麼做。問它們的感覺。是否將來願意再讓你試試看。再次提醒它們，你可以幫助它們，你的目標是贏得它們信任，它們之中是否還有不信任你的，你願意了解原因，設法彌補。如果你還有一些震動的真我能量，你可以延伸到你的內在部分。你會發現很有療癒，你可以引導能量到你的內在部分與其他人。我會延伸給我的個案。如果你可以做到最後這一步，去觀察你的內在部分收到你給它們的真我能量時如何反應。

當一切都感覺完成後，再次謝謝你的內在部分允許你做這個練習，開始把注意力轉回到外在。但也要看看你是否能在睜開眼睛回來時，維持住一些這種真我狀態。

有些人無法在這條路走很遠。爲了某種理由，他們的內在部分不容許。就算如此，去了解爲什麼還是很有價值的。問問它們爲什麼不信任這是安全的，處理它們的恐懼。

然而，如果內在部分願意在起點等待，讓你自己上路，通常大家都會有我所描述的體驗。當你的內在部分讓你完全處於身體中，眞我能量就會立刻湧現，你可以把這個能量用在自己或其他人身上。我個人並不會用在他人身上，除非我知道那麼做是受歡迎的，但我鼓勵你把能量延伸到內在部分上，不管它們是否同意，因爲經驗告訴我它們似乎都很喜歡。

此時我要請你去召喚任何訊息，如果沒有也很常見。話雖如此，有時候人們會收到清楚的指引，關於他們的生活或如何處理他們的內在部分。有時只是一種自在的暖流——感覺自己並不孤單。如果你此時收到一些訊息，就跟你的內在部分分享。

至於訊息是來自何處，我對此問題不預設立場。也許是你的機制，你自己的內在智慧部分、某種靈性引導，或什麼的——我希望你自己去發現。我只說說從經驗得到的觀點：當人們完全處於眞我，尋求一個訊息時，通常會出現有用的東西。

這個練習另一個重要的地方，在於通常會迫使你注意到平常不會注意的內在部分。我們都有擬似眞我或輕型眞我的管理員。我們通常不會偵測到它們，因爲它們很溶入，參與我們與世界的互動。它們通常認為它們就是我們，往往我們也這麼認為。但它們只是很有說服力的保護者。它們讓我們很客氣、有禮、關切，但只是為了說服別人喜歡我們，認為我們很好。它們通常負責讓不同意的內在部分被放逐。不像眞我，擬似眞我的管理員有保護意圖，當它們表達關切、感激或尊重時，並不眞誠。它們被有些人負面地說是自負，但它們值得我們去愛，而不是去厭惡。就像其他的保護者，我們需要解除它們龐大的責任負擔。

Exercise

體驗練習：透過溶出內在部分來接觸真我

就像剛才的練習，這個練習將探討真我如何在內心運作。如平常練習的開始，花點時間讓自己舒適些、深呼吸。我們要檢視主動去認識的內在部分，看看它們今天情況如何。提醒它們，你與它們同在，你可以幫助它們、關心它們。你也可以擴大包括你可能不太認識的其他內在部分——只要表示你知道它們在那裡、關心它們，並計畫繼續認識它們。

當你覺得你的內在部分都知道你認識它們時，就叫它們放鬆，打開你內心與身體的空間，向它們保證只要一會兒。這項練習的目標是讓你與它們更知道你究竟是誰。

如果它們願意，你會再次體驗到你在出發上路練習時的同樣開闊覺知。這次，我要你去問它們是否願意讓你維持這種我稱為真我領導的狀態，即使你睜開眼睛之後也一樣。所以如果你一直閉著眼睛，睜開看看你是否能感覺到那種空間感。你可能也會發現當你睜開眼睛時，內在部分都跳回到注意力中來保護你。

在那種狀態中睜開眼睛的練習，是讓你能在日常生活中，從體認真我進一步達到真我領導。所謂「練習」，我指的不是真我領導是可以像鍛鍊肌肉那樣。我們在這個練習中要做的只是幫助內在部分增加信任，讓它們能容許你處於身體中與領導，它們會知道這是安全的。它們越能夠嘗試，看到沒有什麼可怕的事情，就越願意繼續嘗試。你越來越能體驗這種另類的存在，並延伸到你的日常生活中。

練習結束時，記住感謝你的內在部分，然後把注意力轉到外面。也觀察你回來後，過日子時能夠維持多少這種真我感。

眞我是什麼？不是什麼？

研發內在家庭系統的早期，我發現當我引導個案做這些練習時，他們的內在部分會打開空間，他們會自動轉變進入眞我。而且，彷彿是同一個人變成了不同的個案。所以我開始分類他們所展現的特質，並找到八個本質。

真我能量與真我領導的八個本質

- 好奇（Curiosity）
- 平靜（Calm）
- 自信（Confidence）
- 慈悲（Compassion）
- 創意（Creativity）
- 清明（Clearity）
- 勇氣（Courage）
- 連結（Connectedness）

雖然這八個本質沒有順序之分，但我覺得最常且最早顯現的是好奇心。你大概注意到自己在一些練習中對你的內在部分更感到好奇。

在這八個本質中，以「慈悲」是眞我的自發特質最令我感到驚訝，因爲我總認爲慈悲是要去發展而得，就跟某些特定的靈修圈子的想法一樣，認爲慈悲不是天生的，得花時間慢慢鍛鍊得到。這可以說是一種對於人性的負面看法。我所謂的慈悲，更清楚地說，是以眞我來與一些受創的人共處，爲他們來感受，但不被他們的痛苦所壓倒。你只有在自己內在做到這一點，才做得到。也就是說，如果你能夠與自己的流放者共處，但不會溶合而被它們壓倒，而是能對它們慈悲，幫助它們，那麼你就可以對坐在你對面的人做同樣的事情。

當然，這也需要一定程度的勇氣與平靜。處於眞我時，你更能應付以前可能會讓你僵住的麻煩人物或事情，你也可以進入以前讓你感到害怕的內在深淵。從內心生出一種自信讓你這麼做，而且還具有創意。進入眞我之後，你對於自己或他人的內在情況更加清明，這會讓你產生各種對策與跳出窠臼的想法。

還有，當你體驗到眞我，你自然會感覺與人有更多的連結，也連結到更大與更廣闊的東西，例如地球、宇宙、大我，或任何你的這類體驗。換言之，一旦進入眞我，你就感覺較不隔離與孤單。

當然，這一切特質都是互相配合的。當你對一個內在部分感到好奇，你自然會對它更加清明，也就對它的經歷角色產生了新的慈悲。還有，**當人感覺與所有人連結時，他們就會對其他人更好奇，也更有勇氣幫助他們。**

如此一來，只要觸及了這些特質之一，就可以導致其他特質的出現與活動。在內在家庭系統，我們談到從**「眞我臨界値」**（critical mass of Self）來開始——只要足以朝好的方向前進，其他的就會跟上來。

話雖如此，但很少有人是處於純粹的眞我狀態，所有的特質會同時顯現（雖然出發練習有時候很接近了）。大部分時間，我們與不同內在部分有某種程度的溶合。但是當你一再向你的內在部分證明它們不需要溶合，你就會逐漸體驗到更多的八個本質，也會更常發生。你也會發現你有其他的特質產生，例如快樂、平等心、寬恕、客觀與玩耍。

你越熟悉這些特質，你就越能夠知道你是否處於眞我。我有一組訊號，平常會去檢查，但在觸發狀況時特別有用。例如，當我與某人互動，我很快就會注意到我的心有多開放或封閉，我對他們有多少慈悲。我會檢查我是否很想跟他們談話，或我的聲音壓抑或缺少能量。我也可以只是檢查我體認了多少個八本質。每個人的訊號都不相同，我鼓勵你找到自己的訊號。然後你可以假設只要離開了這些特質，就是有內在部分正在運作，讓你很快可以辨識與提醒它們，它們可以安全離開，讓你來處理情況。當它們信任你時，你會突然覺得內心更打開了一些，聲音改變、視線清楚、呼吸更深沉等。

我也要談談眞我不是什麼。我主要是要強調眞我不是一般人認為的自我，在內在家庭系統的用語，自我是一群管理員想要管理你的生活，保護你安全。眞我不是你的自我觀察或「見證意識」（witness consciousness），因爲它不只是被動觀看。眞我不滿足於只是觀看。**它的慈悲不是被動觀看衆生受苦**。當你眞正觸及眞我，你自然會想幫助你的內在部分。

眞我是無法被觀察的——你無法看到你的眞我，因爲它是你的意識基座（seat）。你從那裡看到你的內在部分與外在世界。如果我要你去擁抱你的一個內在部分，你體驗到的是你看著自己執行那個動作，那就不是你的眞我。如我在出發練習中談到的，如果你看見自己處於內在世界中，通常是一個擬似眞我的內在部分想要爲你管理事情，因爲它不信任可以安全讓你去做。

有些靈性傳統教導說你無法眞正描述眞我，那是無法形容的。我不認爲那是事實。我發現當人們觸及眞我時，他們可以用我們討論過的特質來描述，他們可以實際感覺到特質的存在，其他人可以在他們身上感受到。那是很眞實的，而非虛無飄渺或無法描述的。

眞我的確超過了內在部分的總和，也存在於所有人之中，雖然需要某些硬體（如腦容量）來完整運作。孩童無法完全觸及眞我，雖然他們可以體認足夠的眞我來療癒他們的情緒——許多內在家庭系統治療師都親眼看過與描述過。孩童沒有腦力來完全保護自己，不管他們的內在部分多麼容許他們來眞我領導。這就是爲什麼當你小時候受創，你的內在部分失去了信任眞我領導的部分原因——你當時無法保護它們，它們認爲必須接管控制。

當你明白自己不是長久以來一直認同的那些缺乏安全感的自私內在部分，你是眞我，具有好奇、平靜、自信、慈悲、創意、清明、勇氣、愉悅、慷慨與玩耍——你的本質連結到某種更大的宇宙原則，你會感覺快樂。

靈性與眞我

我已經談過吸引流放者、管理員與消防員的一些靈性。那麼眞我呢？簡單說，眞我天生渴望創造與達成平衡、和諧、完整、療癒系統的各個層面。內在家庭系統是一種自然過程，當我們沒有被保護者束縛時，我們都知道如何去做。

大致上，我發現眞我領導的人會被靈修、儀式與宗教傳統吸引，幫助他們觸及更多眞我，感覺他們連結到更大與更宇宙性的東西，例如有些人稱爲上帝，我則稱之爲眞我。他們也會選擇靈修來促進連結、和諧、療癒內在部分，療癒其他人，療癒地球。他們時常冥想，但不會詆毀或流放內在部分的形式。理想上，冥想、念誦，或覺知練習鼓勵離開內在部分，安撫保護者，讓眞我進入身體，就可以感覺到體認眞我時的安寧、平靜與愛。

當你透過冥想觸及眞我，那不只是二十分鐘的愉快時間。你也向你的內在部分示範了離開一下對它們有益處，因爲它們會感覺到你在體內的溫暖，幫助它們更能信任你。你也會更深入感受更完整觸及眞我的感覺。

你在日常生活中可以注意到你有多麼處於那種狀態，如果沒有，你可以提醒你的內在部分打開空間，讓你回來。

我在深入冥想時經常可以進入非二元狀態——那種無界線的合一經驗，你不再感到分離，溶入了某種海洋。當回到外界後，對於宇宙就有更大的感觸，超過了感官，對於地球層面的困境也有更多的慈悲，更加深了改善意願。

量子力學告訴我們，一顆光子可以同時是粒子與波。我相信眞我也是如此。我們通常體驗眞我是在一種粒子狀態——感受到與其他人和眞我有某種程度的連結，同時感受我們是分離的，有界線與個體。但是透過深入冥想，我們可以擺脫那些界線，進入波的狀態——成爲更大的眞我領域的一部分，感覺很玄幻。

事實上，物理學越來越認知到這種奇特的現象，一切都同時是粒子與波。越來越認知到一切看似固體的，其實是一種震動場。如頂尖科學家、《生命的法則》作者西恩·卡羅爾（Sean Carroll）所言：「要了解情況，必須放棄一些粒子的概念。」他建議我們應該以場域來思考。我們都知道磁場或引力場，但如卡羅爾指出的，「宇宙充滿了場域，我們認爲是粒子的，只是這些場域受到了刺激，如海洋中的波浪。例如一顆電子只是電子場受到刺激。」

我相信有一片眞我場域。我們可以透過冥想來進入，成爲場域的一部分，失去我們的粒子狀態。我們成爲波狀中的非二元。當冥想結束後，我們又重新粒子化，發現我們處於一個身體中，與其他人分離。**我們的內在部分，尤其是有負擔的，會忘記我們的場域或波狀連結，也會讓我們忘記**。當我們與內在部分分離，觸及純粹眞我，我們就會想起我們的波狀連結。

當我們的眞我粒子是一種震動場的層面，就會與其他人的眞我以及我們的部分產生共鳴。如科學作家坦姆・亨特（Tam Hunt）所言：「我們宇宙的一切都不停地運動、震動。就算看似靜止的物體也在震動、旋轉、共鳴著，有不同的頻率。共鳴是一種運動，兩種狀態之間的來回擺盪。一切物質終究只是不同場域的震動。當不同的震動物體／過程接近時，會發生有趣的現象：經過一段時間，它們通常會開始同樣頻率地一起震動。它們「同步化」了，有時看起來很神祕。現在稱之爲自發性的自我組織現象。」（摘自《嬉皮是對的：一切都與震動有關！》〔*the Hippies Were Right: It's All about Vibrations, Man!*〕）

我發現有了這種場域或波的體驗，然後回憶起來，可以幫助我維持佛教所謂的不執著觀點。不是茫然時的那種不執著，而是一種不起反應的平等心來面對生活的起伏。不是要我對世事漠不關心，那種不執著是能幫助我採取行動來改善世界，比較不去在乎自己的形象或生活方式。

我之所以相信麥可．波倫（Michael Pollan）作品《改變你的心智》中的描述，以及資深的內在家庭系統治療師麥可．米霍佛（Michael Mithoefer）與安妮．米霍佛夫婦關於創痛後壓力症候群的研究，迷幻藥物MDMA（搖頭丸）用以輔助心理治療可幫助沮喪的人或來到生命終點的人，主要的理由是，這可以讓人親自體驗到波狀，感覺到人生不只如此。

但我們需要一種平衡，在波狀一段時間，然後把那種超越的觀點與眞我能量帶給我們的內在部分和周遭的人。冥想可以成爲內在家庭系統的極好練習。我曾與幾位藏傳佛教的老師合作，看看他們的方法如何加強內在家庭系統過程，以及如何幫助他們避免靈修閃躲或內在流放者。我也與洛克．凱利（Loch Kelly）合作，他採用佛教大圓滿禪修來幫助人們很快達成他所謂的**瞥見眞我**。

也有些人研究讓內在家庭系統與基督教整合。我相信崇拜耶穌與其他眞我領導的先知可以幫助人們觸及眞我，啓發他們的無私利他，只要那種崇拜不會篡奪你的內在部分對於你的眞我的信任。很遺憾的，有些宗教派別卻會這麼做。

我的靈性啓迪

我父親是知名的內分泌醫生／研究者，也是無神論的科學家。他十幾歲時跟隨家人自匈牙利移民到美國紐約（在布魯克林區與皇后區長大），儘管來自一個保守的猶太家庭，但我父親在年輕時就放棄了組織性的宗教，他怪罪宗教導致世界很多的禍亂。他雖然自豪自己是猶太人，但並不是因爲宗教信仰，而是盲從世俗主義。我深受他的影響。我母親成長於蒙大拿州一座小麥農場的基督教家庭，她改信猶太教以取悅我的祖父母，但她跟我父親一樣並沒有很強的宗教信仰。

我覺得自己是個無神論者，我永遠不會相信一個會懲罰人、尋求崇拜，如我父母信仰的猶太教與基督教上帝，而且我對任何靈性都不感興趣。大學畢業後學過超覺靜坐，看看是否能幫助我處理焦慮，結果眞的有幫助。我用我的唱誦來擺脫煩惱二十分鐘，進入一種很愉悅的狀態，感覺全身有溫暖的震動能量。我喜歡這個方法，但避開了它所根據的印度教神祕主義。我規律練習超覺靜坐多年，然後停止了，但我還保有我所觸及的美妙狀態回憶。

當我在一九八〇年代初幫助個案讓他們的內在部分打開空間，首次見到他們的眞我，我嘗試把那個現象連結到心理學理論，但不成功。成長心理學與依附理論的主流看法是一個人要有那種自我力量，小時候就必須得到夠好的家庭教養。相反的是，有一些個案小時候每天都受到虐待，但他們也展現了同樣未受傷害的眞我。

我開始思考，眞我是不是類似超覺靜坐帶我去的那個地方。當時我有一些學生研究不同的靈修。有人認爲眞我是印度教的梵我（Atman），有人認爲是佛性。這讓我能放下我的反宗教傳承負擔，尋找眞我在不同靈修中的類比。結果它無處不在，尤其是在這些靈修的冥想或奧秘方面。許多描述爲每個人內在都有的神聖本質，我開始認爲我找到了一個方法來觸及那個本質，比大多數的靈修更快速。

大多數靈修抱持著一個目標，克服對於你神聖本質的無知，開始覺察到你眞正是什麼。我在我的個案中發現了類似的現象。當人們開始離開他們的內在部分，他們會突然身分轉變，明白自己不是背著負擔的內在部分，而是眞我。我似乎不經意找到了一個簡單的方法來達到許多靈修所謂的開悟。

我說這個方法可以達到開悟，並不是說你會成爲深山古剎的大師或如佛陀開悟，能對訪客傳授智慧。我所發現的是這個單純的轉變，知道自己究竟是誰，會對你的生活有一些正面的影響。也許不會劇烈改變你的日常生活，但會劇烈改變你的充實感、安寧感，與存在於此時此地的權利感。對我而言，這就是開悟。

你越是熟悉這種狀態，就越能偵測到你離開這種狀態——你的內在部分搗亂了。這也沒什麼大不了的，因爲你知道這是暫時的，你可以溶出那個內在部分，幫助它出來。就算你無法溶出，你信任你的眞我仍在，將來會回來。我們的許多問題不是因爲內在部分搗亂，而是我們對此感到恐慌，因爲我們相信它界定了我們，而且不會終止。

Chapter 7

眞我運行中

到此，希望你已對眞我有了清楚的概念，知道眞我領導是什麼意思。在本章，我要仔細審視達到眞我領導如何影響內在與外在的生活。

成長心理學與依附理論幫助我們了解孩子成長時需要什麼樣的照料。**內在家庭系統可以被當成是依附理論用於內在**，個案的眞我是他們缺乏安全感或逃避的內在部分的好依附角色。我很驚奇地發現，當我幫助個案觸及眞我，他們會自發地開始用慈愛的方式對待內在部分，如依附理論教科書上的描述。就算是沒有良好父母教養的人也是會如此。他們不僅傾聽年輕的流放者，給予愛的關懷，耐心地抱著哭泣的內在部分，他們也會以內在批判者或掩護者的角色，堅定而有愛意的管教內在部分。眞我知道如何當一個好的內在領導者。

爲何這個如此重要？首先，如果你能成爲我所謂的自身內在部分主要照料者，你就免除了親密的伙伴（或治療師、孩童、父母等）照顧粗野又依賴的流放者的責任。

那些人可以成爲你的內在部分的第二照料者，這是較愉快與可行的角色。

我們大多數是反其道而行。我們的流放者不信任我們的眞我，結果它們與想安撫它們的保護者會向我們之外尋求它們所需要的。當我們碰到一個人很像流放者心中理想的保護者、救贖者，或愛人的形象，它們就非常高興，爲之著迷，鬆懈下來。透過所謂的正面移情，我們的內在部分把扭曲的形象放在那個人身上，最後必然無法達成那些極端的期望。然後就是憤怒保護者的負面移情。

有一些人帶領著眞我領導親子教養工作坊。當父母是眞我領導時，他們與外在孩童的關係就像他們對待內在小孩——懷著耐心、平靜、清明、愛、堅定與保證。

我要簡短再次探討前一章提到的眞我的粒子／波觀點。談到眞我的運作，主要是把這些波狀經驗：寬敞、平等、安詳、連結，用在我們的日常生活中。有了覺知的擴展，我們就更能對其他人慈悲，因爲在某種層面，我們記得他們就是我們。

當我們把其他人看成是分離的單一心智生物，就很難不把他們當成一類。我們把他們物化爲自戀的變態，或種族歧視者，錯過了與他們其他內在部分連結的機會。當我們用特定方式把某人固定下來，而不去注意他們的內在流放者與保護者系統，就更難以保持開放心胸，有效地對待他們。

就我來說，前總統川普就是那樣的例子。我的一些保護者可以總結他，把他看成是一個診斷的類別。如果我有機會見到他，我可能會想羞辱他去改變，又根據他對於羞辱的反應，我想結果一定是反效果。但我可以採取完全不同的作法。如果我採用內在家庭系統內建的多重觀點，我可以看穿他的保護者，知道它們只是想保護他，讓他感覺好些。它們本身要處理他的流放者讓他感覺如此無價值，無疑它們都被困在他童年的可怕處境中。這種不同的作法就像好父母——我可以對此人慈悲，同時對他的保護者所造成的破壞感到氣憤，想要阻止它們。

這幾年來，我訓練社會運動人士來由眞我領導。以我的經驗，許多人受到感召加入社運，因爲他們在過去受到傷害，背負著許多流放者，也有保護者不希望別人承受同樣的傷害。結果他們的運動有時是保護者領導，這樣會進一步激化議題，疏遠了可能的同盟。那當然可以理解，但我想我們能做得更好。如查爾斯．愛森斯坦的觀察，「我們一再看到，在環保組織中，在左派政治團體中，同樣的欺凌弱者，同樣的權力爭奪，同樣的意氣之爭，如其他地方一樣。如果在我們的組織中都是如此，要是我們獲得勝利，我們怎麼能希望不會在我們創造的世界中上演？」

我也這麼認爲。雖然我們在內在家庭系統學院追求眞我領導，我們當然也有自己的盲點（由於我是領導者），許多盲點反映了我自己的負擔部分。我對此的日漸覺察讓我致力於改善自己，以及我訓練的學員與行政人員。

治療實錄：受內在正義魔人宰制的伊森和溫柔的莎拉

以下這則記錄是關於社運人士，其中清楚顯示了內在家庭系統與靈性和眞我的許多層面。

伊森與莎拉．修斯是離網生活（living-off-the-grid）運動的領導人。他們主張「極簡生活」。住在鄉間，不用電力，晚上點蠟燭。他們用燒柴爐灶來煮飯與保暖，把食物冷藏在地窖，騎自行車或搭乘大眾運輸工具而不開車。他們刻意生活得低於貧困標準，就不用繳納所得稅，或伊森所稱的「戰爭稅」。他們歡迎一年超過一千五百名訪客來觀摩學習他們的生活法。伊森與莎拉示範了如何離開我們步伐狂亂的生活，觸及我們自己的其他內在部分。當人們與修斯家共處時，他們時常很驚訝地發現自己很快就喜歡上這種永續的生活方式，尊重與連結了地球。

伊森與莎拉也學習內在家庭系統，但沒有實際嘗試過。這是我第一次見到他們。

伊森：有一個常發生的問題，是我有一個內在部分會攻擊一切它認為是支持白人至上或階級主義的人，包括莎拉，我稱為「不公義摧毀者」。例如我們是四口之家，住在五百平方尺的屋子，而莎拉打算增建。我告訴她，我們應該住得小一點，外面有人無家可歸，但我的表達方式造成了很多的不和諧，以及更糟的情況。

里查：你認為有多常出現？

伊森：我們在兩年前幾乎分手，後來我常把它拉住。

莎拉：對，我們一起拉住它。發生後，我們不會談。但內在家庭系統架構幫助了我們了解情況，以前我們沒有這個工具。

里查：莎拉，當你嗅到了伊森的那個內在部分時，你內在是什麼狀況？

莎拉：我會冒出一些憤怒，但那樣對我並不安全，所以我必須讓它安靜。有了一個消音的內在部分。所以我有一種無聲的憤怒。我也有一個茫然的內在部分，可以把我拉走，或幫助我忘記我們的衝突，讓我再次接納他。因為我有很溫柔的心，我喜歡接納。所以當他的內在摧毀者出現時，我就會這樣（發出喘氣聲）。我的喉嚨會緊縮起來。

里查：好，你們已經很進入情況，知道有哪些內在玩家。所以伊森，你有這個不公義摧毀者。當莎拉對它有那樣的反應，你的內在是什麼狀況？

伊森：我感覺很難過，因為覺得我的內在部分沒有空間，所以我開始想我不應該跟莎拉在一起。她對這個凶猛戰士實在太溫柔了。我感覺我傷害了我深愛的人，所以我必須把它關掉。

里查：你覺得你不應該跟莎拉在一起，因為你看到了它造成的傷害。你不想要繼續那樣。

伊森：但我也不想關閉它。

里查：你要給那個內在部分空間。

伊森：所以這像是一種舞蹈，有時候又像爭吵。我想要說我很抱歉。

里查：好，我們就這麼做。看看現在我們能做什麼來修補。你能接受嗎，莎拉？

（她點頭）

莎拉：說吧，伊森。

伊森：（啜泣）

里查：很好，與那悲傷同在。那樣很棒。

伊森：（仍啜泣）出現的感覺是我知道你多麼愛這個世界。帝王蝶死亡時你哭得很傷心。樹蛙絕種時你也會哭。我很抱歉。這個內在部分似乎有兩面——它想為你保護世界，然後又傷害你。這一切都感覺很神聖，我已經努力了很多年……

里查：很好，讓我暫停你一下。莎拉，聽到之後感覺如何？

莎拉：我特別感動的是你說你要保護我，因為你知道我深愛一切。

里查：所以你知道那是那個內在部分的用意。

莎拉：對，我知道那個內在部分。有時候會破壞，但那也是我愛他的理由之一。

里查：所以我想處理那個內在摧毀者。你可以嗎，伊森？

伊森：好。

里查：我們進行時，莎拉，很重要的是你要保持著真我。好，你準備好了嗎？

伊森：好了。

里查：找到你身體內或身體上的那個傢伙。不公義摧毀者。你感覺它在哪裡？

伊森：這裡（指著胸部）。

里查：你觀察它時，你對它有什麼感覺？

伊森：我同時感到感激與害怕。

里查：讓我們請那個害怕的給我們空間來認識那個摧毀者。那個害怕的內在部分可以到另一個房間——它不需要參與。它可以信任你與我來幫助那個摧毀者。

伊森：好，可以要害怕的內在部分站在一旁聆聽嗎？

里查：當然可以。現在你對摧毀者有何感覺？

伊森：出現的感覺是我要它在一個需要它的世界中有力量存在，但不會否定別人或嚇到別人。

里查：對。讓它知道那是你的用意。你很重視它，感激它。看看它有什麼反應。

伊森：它不完全相信我，因為我把它關閉很多次。

里查：那就讓它知道你了解很難讓它信任你所說的。因為你關閉過它。說得通，對不對，它難以信任你？

伊森：對。

里查：所以我們只要去修補你跟它的關係，就像你剛才對莎拉那樣。看它需要什麼才能再次信任你。

伊森：它說它努力不讓我睡著。它要信任我能記得為所有衆生爭取真正的公義。

里查：好，這一切讓你想對它說什麼？

伊森：我想它說的對，但我經常被它的選擇所孤立，它是因為愛，但是會觸發他人——我的作法只會帶出其他人的內在部分。它說的對，有其他內在部分也想要睡一會兒——擔心沒有歸屬。

里查：所以內在有極端化的情況。好，讓它知道有一些內在部分不太高興它對人的作法。所以你可以了解為什麼它難以信任你。

伊森：（啜泣）它說它知道我多麼愛大海，它不希望我必須跟女兒解釋為何海中沒有魚了。

里查：讓它知道我們了解它多麼在意，它真的非常希望事情可以改善。它是多麼努力。我們是多麼敬佩。它情況如何？有什麼反應？

伊森：它感覺很興奮可以出來。它說它很興奮能與我一起做。

里查：很好。那正是我們想要做的，這樣它就不需要總是接管，它可以跟你一起做，也許讓你為它發言。看看它是否同意那樣。

伊森：它看到了可能性。它一直出現在影像中，它說，「我們在搞什麼鬼？讓我們都去烹飪，這樣在休閒中心的烹飪人員，主要是被忽視的有色人種，就可以進來工作。」

里查：讓它如此盡興表達很難。問它是否保護你的其他內在部分，伊森，它是否願意透露。

伊森：有一個內在部分只是哭泣，一整天縮成一個球，動也不動。

里查：好，問它，我們可不可以去療癒那個內在部分，它就不會再那麼感覺，它會感覺好一點，它是否願意多放鬆一些？我們不是要它改變角色，而是要問它是否願意更放鬆，更信任你為它發言。

伊森：它只說上次我接近那個內在部分時，我哭了一個月，每天晚上四小時，它說當一切都在衰亡時，沒有哭泣的餘地。

里查：那告訴它，如果允許我們就不會有那樣的結果。我們會去找那個內在部分，不會被它壓倒，我們會帶它離開被困之處。我們會卸下它的很多悲傷。看看這樣是否可以讓摧毀者接受。

伊森：它可以試試看。

里查：我們很感謝。在我們去之前，看看是否還有其他內在部分不敢讓我們去找那傢伙。
伊森：其他內在部分似乎很興奮。
里查：太好了。你準備好了嗎？
伊森：好了。
里查：專注於那個縮成一團球的傢伙，在你的身體上找到他。你觀察他時，對他有什麼感受？
伊森：我很抱歉他必須進入這樣的世界。
里查：好，讓他知道。這個世界太糟糕了。他沒有選擇。看看他對你的慈悲有什麼反應。
伊森：他從一團球中抬起頭來一下子。
里查：好。你距離他有幾尺遠？
伊森：大約五尺。
里查：好。現在，我們只要把慈悲伸向他，直到他開始相信自己不是孤獨的。你在那裡。

伊森：他說沒有他爸爸就無法繼續下去。

里查：沒有他爸爸？讓他知道我們了解他有多麼的需要他爸爸。讓他知道你了解。但如果他感覺真誠，感覺可以，也讓他知道你可以成為他的爸爸，如果他想要。

伊森：他停止哭泣了。

里查：好。你還是離他約五尺遠嗎？

伊森：我跪下來靠近一些。

里查：好，非常好。我們要繼續這樣做，直到他信任你可以像爸爸一樣照顧他。

伊森：我正抱著他。

里查：好。他有何反應？

伊森：他又哭了一下。

里查：讓他知道你抱著他時可以盡量哭沒關係。現在可以去感受他的一些感覺嗎？

伊森：（啜泣）可以。

里查：那真的太好了。讓他知道你了解，他背負著龐大的悲哀。

伊森：他把我抱得好緊。

里查：他把你抱得很緊？
伊森：對。
里查：太好了。你準備好問他，他要你知道他的遭遇了嗎？
伊森：好的。
里查：要他真正讓你感受與看到，你就可以感受到這一切悲傷有多糟糕。
伊森：他感覺非常受到誤解。
里查：感覺非常受到誤解。被你或被其他人？
伊森：其他人。
里查：好，叫他顯示給你看，是發生了什麼事讓他覺得如此受到誤解。
伊森：（啜泣）他說，「為什麼大家都喝酒駕車撞死人？」他說真是太爛了。
里查：對，那是很爛。讓他知道那是一個很好的問題。
伊森：他說他媽媽與哥哥都不明白。
里查：他媽媽與哥哥是不明白他或什麼？
伊森：他說人們這樣做真是太爛了。
莎拉：他父親被酒駕撞了。

里查：我也是這麼想。這孩子多大，伊森？
伊森：十三歲。
里查：好的，好。告訴他繼續，這真的很好。他讓你看到與感受到一切。告訴他繼續，讓你知道需要知道的。
伊森：我只是很難過沒人教導我如何與他同在。
里查：好，告訴他你很難過以前無法這樣與他同在。這麼多年。讓他知道你很抱歉他必須被鎖在那裡。
伊森：他在裡面有點放鬆了。
里查：非常好。
伊森：他十三歲，但他很小。
里查：告訴他你了解他的感受有多糟糕。再問問是否還有更多要說的。
伊森：他說去上公立學校非常困難。（啜泣）事情發生後，大家談的是他們的穿著。老師甚至沒有跟他談話。
里查：老師沒有跟他談。
伊森：好像沒事似的。好像他是在監獄中。

里查：是啊。
伊森：他討厭去該死的商場。
里查：讓他知道你也了解這一切。
伊森：還有一件事，他有一部分覺得他要負部分的責任。
里查：那場車禍。
伊森：對。
里查：問他為什麼？
伊森：因為他爸爸要他在車禍那天晚上去看籃球賽。他選擇與其他人去遊樂場。
里查：所以如果他跟爸爸去看球賽，就不會發生意外？根據什麼邏輯？
伊森：我只聽到他說表面工夫也會殺人。
里查：知道了，好。他這樣想說得通嗎？
伊森：（點頭同意）
里查：讓他知道你懂了。所以他一直都是反表面工夫。這樣說得通。非常說得通。
伊森，關於是不是他的錯，你怎麼告訴他？
伊森：我告訴他不是他的錯。

里查：對。我們要堅持這麼說，直到他開始相信。他對你這麼說有什麼反應？

伊森：他道歉他被世俗的表面工夫困住了。

里查：他在道歉。我不太懂。

伊森：就這樣，他道歉他被困在其中。那是我爸第一次邀請我。他是中學的籃球教練，那是他第一次邀請我去看球賽。

里查：他卻選擇了表面的東西。

伊森：對，所以他邀請我去看球賽，而其他人說，我們去遊樂場。我被困在世俗表象中。

里查：好，讓他知道你了解了。讓他知道你了解為什麼他如此內疚。（暫停）現在他感覺如何？

伊森：他又平靜下來了。

里查：很好。只要看看他是否覺得你了解了他要你了解的所有事情。

伊森：他點頭了。

里查：很好。伊森，我要你回到那段時間與他共處，就像他需要別人那樣，等你陪著他的時候告訴我。

伊森：我看見我自己站在床前，他在哭，所以那裡還有其他人，我觀看著他。
里查：你看見你自己嗎？要那個想幫你做的內在部分讓你去做，這樣你就不會看見你自己——你只是與他共處。等你陪著他時告訴我。
伊森：好的。
里查：你陪著他情況如何？
伊森：他哭了一下，我的手摸著他的腳。
里查：太好了。這樣與他共處。
伊森：（暫停，呼吸）
里查：他知道你在那裡嗎？
伊森：知道。
里查：他高興嗎？
伊森：對。
里查：好。現在問他有沒有什麼事情要你去做，然後我們將帶他去一個安全的好地方。
伊森：他只要我抱著他。

里查：去抱著他。
伊森：他要我告訴他一切都會沒事。
里查：好，去做這兩件事。
伊森：（暫停，吸氣）我抱著他，同時我又看著自己抱著他，來回轉變。
里查：對另一個傢伙堅定一些。我們知道他想幫忙，但讓他知道你不需要，你可以處理。
伊森：好的。
里查：（暫停）現在他與你的情況如何？
伊森：他說他不想要孤單一個。
里查：很好。問他還有什麼要你跟他在那裡一起做的，在我們把他帶到一個好地方之前。他需要你為他對家人說話嗎？
伊森：他只說他要知道我媽媽在哪裡，他孤單一個，時間很晚了。
里查：對。他要你去找她或只是要你說明？
伊森：好，我正在告訴他，因為媽媽不常在那裡，她需要去工作。
里查：好的。

伊森：他問為什麼鄰居沒有過來。
里查：你怎麼說？
伊森：他們有自己的任務。
里查：讓他知道他應該有人陪伴，他值得的。
伊森：（暫停）
里查：現在他有你了。
伊森：他首次露出了微笑。
里查：太好了。看看他是否準備好了，我們將去他會喜歡的地方。
伊森：好。
里查：他想去哪裡？可以是現在或想像的地方。
伊森：他想在海中游泳。
里查：很好。我們帶他去海邊。但在他游泳之前，告訴他，他永遠不用回去那裡，你會照顧他。問他是否準備好放下他，從過去背負的情緒與信仰。
伊森：他只是問，只是說他要很多烏龜、海草與海豚。他要海洋像以前一樣。
里查：好，我們來為他布置。

伊森：他很高興看到這麼多生物。
里查：太好了。再次問他是否準備好放下這些東西。
伊森：好。
里查：他放在身體什麼地方？身體內或身體上？
伊森：他的腦袋後面。
里查：他想要放下來給什麼？光、水、火、風、土，或任何東西。
伊森：水。
里查：好，告訴他把腦後的一切都放出來，讓海洋來接收。
伊森：他放出了一些，但有些他不想忘記。
里查：好。他想要保留記憶？
伊森：他說他可以放在一條獨木舟上。
里查：他要放在獨木舟上，讓他這麼做。我們從腦後放上獨木舟。
伊森：他發現他心裡與肚子裡還有更多。
里查：好，我們也放出來。不需要再背著這些東西了。
伊森：（暫停）他漂浮著。

里查：太好了，太好了。

伊森：他把獨木舟推開了。

里查：太好了。太好了。他現在感覺如何？

伊森：他在微笑，不哭了，但還是感覺有些悲傷。

里查：那種悲傷是他想要放下的，或想對你表達的？

伊森：他想要放下。

里查：好。放到海洋或獨木舟上？

伊森：海洋。他要我爸爸。

里查：伊森，我們可以做一件事。你可以邀請你爸爸的靈魂過來，他也許會來，也許不會來。但你可以看看他是否想邀請你爸爸的靈魂過來。

伊森：他想要。

里查：好，告訴他這麼做。我們來看看你爸爸的靈魂會不會出現。

伊森：他來了。

里查：很好。太好了。讓我們看看他有什麼想讓這個孩子知道的。這個孩子有什麼想問他的。

伊森：他微笑，孩子很高興看到他。他划著小船，面露微笑。

里查：很好。孩子要不要把悲傷交給他？或孩子要怎麼處理那些悲傷？

伊森：孩子問我爸，如果他把悲傷給他，他們是否會失去連結。

里查：你爸怎麼說？

伊森：他說，「我一直都在這裡。」

里查：好。孩子聽到之後如何？

伊森：他爬上了我爸的小船（啜泣）。他喜歡被我爸抱著。

里查：太好了。真的非常好。

伊森：現在他伸出手召喚我。

里查：很好。

伊森：他要我過去。

里查：好，你也可以過去。

伊森：（啜泣與深呼吸）我抱著那孩子，我爸在觀看，面露微笑。

里查：很好，伊森。我們來邀請最早的那個傢伙——不公義摧毀者，進來看看這孩子。看看有怎麼反應。

伊森：那裡有其他內在部分，它們都很高興看到他。
里查：太好了。
伊森：有一個在跳舞。（呼吸）摧毀者沒有跳舞，但他微笑點頭。他的手臂交叉（笑了）。
里查：很好。
伊森：我想他有點不耐煩。
里查：我了解對他而言，我們的作法都很放縱。
伊森：現在他算是對我微笑了。
里查：你可以問他要不要放下他背著的，不屬於他的東西。
伊森：對，負擔。
里查：他放在身體內或身體上的什麼地方？
伊森：脖子與背部。
里查：你知道是什麼嗎？
伊森：保護生命是他的責任。
里查：沒錯。他想要交給什麼？

伊森：我看到一座高山，一半是山，一半是女人。
里查：叫他把他脖子與背部的東西交給這個高山女人。
伊森：他跪下來放下，好像一把神聖的劍。
里查：很好。
伊森：他抬起頭來確定這樣她可以接受。
里查：她怎麼說？
伊森：沒有說話，但她同意。
里查：很好。
伊森：他想拿起劍，但他真的是想讓我知道，他要為光明來做一些事情。
里查：好，讓他知道你們可以想辦法，你們也許不用現在做。他沒有了劍，感覺如何？
伊森：輕了一些，但他想要有目標。
里查：像是現在要做什麼？
伊森：對，想要抓住什麼。
里查：沒有了劍，伊森，告訴他可以邀請任何他想要的進入身體，包括目標，看看有沒有什麼進入。

伊森：高山女神給了他一團光球來抱著。

里查：很好，太好了。他抱著光球的狀況如何？

伊森：發亮。

里查：很好，太好了。

伊森：他在微笑。他不想要停止。

里查：好，告訴他不用停。他可以繼續抱著。現在感覺完成了嗎？

伊森：大概吧（笑了）。我只想要設法跟你連結（對莎拉說）。

里查：請自己來。

莎拉：你要我來找你嗎？

伊森：如果你能坐在我大腿上會很棒（啜泣）。

莎拉：（坐在他大腿上摸著他的頭）

這段療程說明了我們到目前所談過的許多概念與過程，還有我們尚未探索的一些現象。讓我先提出兩點聲明：第一，不是所有療程都很順利。伊森與莎拉有所準備，接觸內在家庭系統一段時間，已經認識了主要內在部分，雙方對於衝突時的角色都負起了責任。伊森的內在部分已經足以信任他的眞我，當我們要它們後退時願意配合，通常剛開始並不是如此。第二，我鼓勵伊森去找他的流放者——縮成一團球的哭泣男孩。我強調過，我建議你們要有幫手才這麼做。我提出這段療程只是想讓你們知道可行性，但不是要你們把它當成範本。

伊森稍後與我分享了一些想法：「從放下負擔的那一刻，我發現當我面對公義的議題時，我內心有更多的空間。公義與終結受苦的火焰依然旺盛，但火焰是與其他人分享，而不是對抗其他人。從施加力量（我看到不公義，你沒看到，我要讓你看到！）轉變成分享力量（我看到不公義，你沒看到，我會溫和好奇地協助你看到，或一起來判斷是不是眞有不公義）。我能夠更有效地處理情況，因爲更開放。感覺在放下負擔之前，我的公義火焰是在一個小房間裡燃燒，被拖進小房間的人都很不舒服（又熱又灼燒又窒息），現在放下負擔，火焰來到空曠的外面。大家受邀來坐在火旁。變成了帶來生命的營火，大家可以自由選擇與火焰的距離來感覺舒適。我可以清楚看到這是我的眞我所要的。回到家後，我身體周圍的能量場因爲放下負擔而改變了。我的生活吸引了新的人與機會，如幫助原住民婦女建立社區，受邀支持緬因州的同性戀社區。我對於公義活動的能量更加踏實與乾淨，我相信受壓迫的人們與社群可以感覺到。」

因爲這段療程中有太多現象，我想強調幾項。剛開始時說明了內在家庭系統伴侶療法常見的情況。我們詢問雙方的內在部分中與另一人有交集的，當我們確定轉變一人的內在部分會帶來很大的改變時，我們就會從那一個內在部分開始。如果是持續的伴侶治療，我們在下一個療程會處理莎拉的內在部分。

我們處理伊森的不公義摧毀者時的轉變，說明了我在前面談過的許多東西，我發現這種保護者掌控了許多社運人士。重要的是，要取得保護者的許可來療癒它們所保護的（也就是尊重它們的作法，而不期待或要求它們改變）。我們向內在部分保證，讓我們去那些地方是很安全的。

療癒流放者有特定的步驟——在這個例子，讓伊森的眞我與十三歲的孩子建立信任關係，見證他的過去遭遇與他所得到的負擔（例如他對於責任的信念與表面工夫的痛恨），從過去帶回那個孩子，幫助它放下負擔，然後帶入保護者，讓它們看到它們不再需要扮演它們的角色。

然後我也提到一些靈性層面，關於伊森父親的靈魂。在我的工作中，我與個案有多次經驗，過世親人的影像就如伊森體驗到的那樣自發出現，效果很有助益。我學會詢問個案是否願意邀請這樣的來訪，如果他們觸及了很多眞我，覺得可能有幫助。大多數時候會有這樣的影像來臨，而且不像生前的狀況，他們似乎相當沒有負擔，處於眞我，如伊森的父親那樣。

這種現象是什麼？個案的想像力，或另一個內在部分扮演著過去父親的角色？或眞的是父親的靈魂？我不想假裝知道答案。我是實證主義者，願意不帶先見研究這些現象。我父親是個好科學家，他給我的最重要訊息是跟著資料走，就算是帶你遠離你的模式。內在家庭系統的探究就是一再如此，如過世親人出現的經驗。我也是個實用主義者，如果這些來訪有幫助，我就接受。在我的經驗中，這種現象似乎對個案極有幫助。

療程的後面，伊森讓他的保護者放下負擔，他立刻看到一個影像，一半是高山，一半是女人——他稱之爲高山女神。她給了尋求目標的保護者一顆光球。這是什麼？這是在許多個案身上都出現過的另一種現象。在關鍵點上，會出現嚮導來幫助他們。我也不想假裝知道這是什麼。這是過程中的冒險——你永遠不知道你與個案在他們的內在世界裡會遇到什麼。重要的是保持好奇，看看出現的是否有幫助。

我要補充說明：這些看似神祕的經驗不僅只發生在相信這種事情的人身上。我接觸過徹底的無神論者與排斥這類現象的宗教信徒，他們許多人的第一個反應是憤怒或恐懼。

我有時會想到所謂的薩滿巫師，他們慣常接觸古靈與伊森的高山女神之類的神祕力量。他們相信有另類的宇宙或領域存在，我們可以透過一些方法觸及，如打鼓、唱誦、舞蹈、祈禱、致迷幻植物、快速呼吸、剝奪睡眠、作夢、斷食、儀式等。能不能只是觀察我們的內在部分，就可以進入同樣的領域？

成爲眞我領導

理想上，伊森的不公義毀滅者會比較不想如以往那樣憤怒與批判地接管。它信任伊森的眞我來爲它發言與行動，採取比較像顧問的角色。它保有公義的熱情，對人與地球的愛，但倚賴伊森的勇氣、清明、自信、慈悲等等，以有效表達它的信念，追求它的目標。

除了八個本質來描述眞我之外，我還找到五項要素：耐心（patience）、堅持（persistence）、當下（presence）、客觀（perspective）與玩耍（playfulness）。處於眞我領導的社運人士也能夠使用這些特質。因爲眞我可以保持長遠的客觀，可以有耐心地堅持努力，而沒有容易激化的急迫感。內在家庭系統的客觀也可以避免單一心智思維的彼此分類，你可以看到對手的保護者背後驅動他們極端化的流放者，因此能夠對他們慈悲。當你處於眞我的當下，可以極有魄力而不會升高衝突，因爲對方並不會感覺到受辱。

在衝突中從眞我來領導，成爲了可以自足的一個目標。例如，當我與妻子吵架，我要我的內在部分後退，讓我留下來與她互動，不只是要讓她溫和平靜下來（雖然常有這種效果）。我這麼做是要說服我的內在部分，我能夠領導我的系統。所以目標是保持眞我的存在當下，而不管另一人怎麼做。

要能夠如此，最好是你的內在部分明白你不再是個孩子。身爲眞我，你擁有很強大的特質，必要時可以很堅定。保護者常輕視這些特質。例如，它們認爲你是被動無力的慈悲，界線鬆懈，容易放棄。或你太天眞，相信他人，或不敢照顧它們。它們只知道你與其他內在部分整合時的樣子。你的保護者通常會很震驚發現你能夠與那些內在部分分離，它們了解你有辦法保護你的系統，所以它們就不用上場。

在某些情況，這是一大挑戰，例如你面對了威脅性的人或事情。但是在恐懼或憤怒中，我們每個人的眞我都存在——風暴中的我，驚滔駭浪的平靜深層，總是有眞我。不管多麼被觸發，內在部分多麼極端化，如果我們能夠分離它們，我們就至少可以觸及一些眞我的特質，我們就可以與恐懼或憤怒共處，而不是溶在一起。

幾年前生命中的一個章節提醒了我，我與妻子珍妮去夏威夷探望我的哥哥嫂嫂。那天有大浪，儘管珍妮警告，我決定走到淺水處，覺得水沒淹過大腿很安全。但我不小心踏進了一個缺口，突然就被海浪拉了出去。不諳海性的我想要直接游回岸上，結果完全無法前進。我想仰泳來休息，但海浪灌進我的嘴裡，我開始嗆水……

我越來越累，明白可能回不去了。我的內在部分開始在我腦中不斷尖叫，「我們要死了！」我能夠離開它們夠遠，讓它們感受到我說：「我們也許會死，但我會跟你們在一起。」我感覺它們平靜下來。就在我準備放棄時，我的嫂嫂來到海灘上，看到我在掙扎，急忙比劃著要我翻身朝著大浪游。那違反了直覺，但正是如此我才能回到岸上。沒有多餘力氣，我嘗試了最後一次，終於被海浪推了回來。我後來得知，幾天前有一個人就在那個地點溺水，所以我感覺自己非常幸運。

分享這個故事的重點是，**就算是面臨眞正的危險，也可以控制住你的內在部分。**當然很困難。我有多年經驗讓我的內在部分看到，當它們離開來讓我處理時，事情會好轉，所以它們足夠信任我這麼做。但在情況危急時，任何程度的眞我領導都有幫助。也許不會有我那種救命的運氣，但能夠以平靜、勇氣、清明與自信的狀態來面對挑戰總是比任由害怕、茫然或衝動的內在部分驚慌失度好多了。我們碰上危機時能帶入越多眞我（例如當今的疫情），其教誨可以傳達到各層次——整個地球、國家，與單獨個人。

Chapter 8

對生活的願景與目標

大致上，你越能觸及眞我，更能夠眞我領導，你對生活的願景也會更清楚，意味著你的優先順序可能會跟保護者上場時有很大的不同。**當我們有很多流放者時，保護者沒有選擇，只能自我中心，追求享樂，或茫然失神。**即便是那些似乎無私付出的人，他們通常更關心被別人視爲慈善美德（或不被上帝懲罰）。你的保護者追求的生活目標是讓你免於所有痛苦、羞辱、孤獨與恐懼，它們使用很多工具來達成那些目標——成就、藥物、食物、娛樂、購物、性愛、美貌、照顧他人、冥想、金錢等。你的保護者孜孜不倦地努力爲你的自我打氣，不讓它洩氣沉入被放逐的情緒深淵。

這些保護者的衝動消耗了你大部分的注意力，它們流放了你最敏感有愛心的內在部分。當你讓流放者放下負擔時，你的保護者就可以轉變，你開始聽到更多不執迷衝動的內在部分——喜歡與他人親密相處，想要創造藝術，舞動身體，它們想與家人朋友玩耍，喜愛處於大自然。當你更眞我領導時，你就會更完整、溶合與全面。

這就是內在家庭系統的療癒——完整與重新連結，想要協助系統各層面的一個眞我。如溫德爾・貝里（Wendell Berry）在著作《美國的不安：文化和農業》所言：「療癒組織了系統，開啓與恢復不同部分的連結，如此來恢復最終的單純結合……部分和諧地加入整體而健康起來……只有恢復了斷裂的連結，我們才能療癒。連結就是健康。」

除了連結被忽略的內在部分，當你觸及更多眞我，你就從內在部分的欲望領導變成由心之所欲來領導。也就是說，你開始發現你的生命旅程有不同的願景，帶來更多意義。雖然有無數方法可以引導你追求有意義的生活願景，但通常都是來自於你的管理員而不是眞我。在我的經驗中，最好等你的保護者放鬆下來，願景就會出現——這樣你是接收了願景，而不是自己創造出來的。

一些靈修教導我們每人都有一條眞實的道路或召喚，我們活在此生的部分原因是去找出並完成它。珍・休斯頓（Jean Houston）在其著作《神話人生》中，借用亞里斯多德的一個字眼來描述——生機（entelechy）：「你內在被播下並加密的本質，包含了你生命的模式與可能性。」基督教有時也會引用〈以弗所書2章10節〉，說上帝創造我們都有特定的目標。

當內在部分放下負擔時，它們通常會立刻感受到它們原來的目標，採取等同的新角色。**當人們觸及了眞我，通常很快感受到他們的目標**。在外在世界，這種了悟可能要花數年時間；在內在世界，通常立刻就發生。

人本心理學家亞伯拉罕．馬斯洛（Abraham Maslow）以自我實現的理念而出名。他強調在滿足了我們的基本需求，如安全、歸屬與感情之後，我們開始覺察到更高的需求，來做最適合我們的事情。

「音樂家要創作音樂，畫家要畫畫，詩人要寫詩，才能達到終極的自在……這種傾向可以說是渴望越來越符合一個人的特質，成爲一個人能成爲的一切。」（摘自馬斯洛的作品《動機與人格》）

我覺得馬斯洛早期的著作太強調「發揮所有潛能」，但我同意當我們的求生內在部分放鬆之後，我們的目標或願景會自然出現。馬斯洛在晚年研究自我實現的人，他發現他們也許沒有在所有方面都發揮所有潛能，這些人努力的目標是造福其他人，他們覺得很可貴，因此感覺完全不像是工作。透過他們的眞我領導願景，他們發現了自己的目標，所以他們的生活感覺充滿意義。

如心理學家史考特．巴瑞．考夫曼在著作《巓峰心態》所言：「創意自我實現能夠超越頭腦與心的二分法。他們能全心投入他們的工作，有彈性地轉換於看似矛盾的狀態——理性與非理性、情緒與邏輯、審慎與直覺、想像與抽象，而不事先批判這些過程的價值。」這極佳地描述了眞我領導的系統有彈性的整合（integration）。**不同的部分保持其分離，同時彼此溝通合作，由眞我來指揮這場內在交響樂。**

知名的神經精神學家丹尼爾．席格（Daniel J. Siegel）強調這種整合在療癒上的重要性，又說內在家庭系統是整合的好方法。他在《覺醒：臨在當下的科學與實踐》一書中寫道：「健康來自於整合。就這麼簡單，那是很重要的。整合的系統是和諧的流暢。就像合唱團裡，每一個歌手的聲音都可以區分出來，但也是連結的，和諧來自於整合。重要的是這種連結不會消除差異，如溶合的概念，而是保持這些獨特的貢獻，彼此連結。整合比較像水果沙拉而不是思樂冰。」這也是內在家庭系統的基本目標之一。每一個內在部分的特質都受到尊重，同時也彼此和諧地合作。

相對的，在保護者領導的系統，一群結盟的內在部分可能過於掌控，你無法觸及其他內在部分的資源，或只是內在混亂與衝突，內在部分總是彼此打岔與破壞，因爲沒有穩定的領導者。

生命的改變與反撲

當你開始瞥見眞我領導的願景，內在部分通常會有體內平衡的反應。願景越宏大，它們的反撲越大。「別開玩笑了，」它們會說，「你算老幾，竟敢這麼做！」或「有什麼用——一切都亂七八糟，永遠不會改善！」或最受歡迎的「你這樣無法養活自己！」

當我首次得到內在家庭系統的願景，考慮奉獻此生時，我得到這一切的反應，而且更多。收到了我的願景之後，我必須處理我的內在部分，才能完成最初的階段，我的內在部分在每一步路都會反撲。本書代表著這趟旅程勇敢的一步，把內在家庭系統帶給更廣大的讀者，那些聲音就再度出現了，而且非常準時。現在的差別在於這些內在部分信任我的領導，它們不像以前那樣大聲與嚴苛，它們也能接受我的保證。它們知道如果你們有人不喜歡本書或甚至抨擊本書，我們都會沒事，因爲我會照顧它們。這種作法可以讓你去追求自己的願景。帶著你的所有內在部分上路——不用放逐或壓制意見不同者。

公平警告：我有些個案辭去優渥的工作來追求畢生的微弱內在呼喚。近期就有一位高薪企業律師離開了公司，回到學校當體育老師。這不是我帶領他的，而是這位個案療癒時，終於能夠傾聽，有勇氣行動。這種行動需要的勇氣比以往更多。這段日子，最有意義的工作幾乎無法讓人謀生，而一些最無意義的工作卻擁有高薪。話雖如此，眞我領導的人有較少的物質需求，這很有幫助。如我的律師個案，就比較能夠承受衝擊，但必須這樣也很令人遺憾。

我的逐漸眞我領導個案們並沒有全都辭職或事業大轉彎，但他們通常會改善生活方式。很多人投入創意或參與助人的活動，本身就很有收穫，提供了新的意義。眞我領導的願景時常會基於對人性與地球的更深連結，大家開始體認互助的期望。除此之外，當你眞我領導時，這些活動將更令人滿足，因爲你眞正處於身體的體驗，而不是急躁地計畫下一場活動或執迷於要更有產量或享樂。眞我領導時，你可以活在當下，因爲你不再有這麼多受傷與被困在過去的內在部分；你不再需要保護它們，擔心或計畫未來。

有趣的是，甚至可能有內在部分告訴你，你的願景太小了！但如查爾斯．愛森斯坦所言，「很多人壓抑自己的天賦，認爲必須做出大事才行。一個人的行動不夠，必須寫書觸及百萬人。很快就會變成一種競爭，看誰的點子夠響亮。否定了大部分人的渺小而美麗的努力——矛盾的是，也否定了我們必須開始群體合力去做，才能繼續維持地球生存的事情。」

當人們更能夠眞我領導時，他們會發現自己幫助他人時毫不費力，沒有什麼內在辯論，因爲他們很自然地就想助人。**眞我認知自己與其他人是更大的人類團體的一部分**。就像你的內在憤怒部分開始比較能連結認知到壓制它的討厭管理員也是連結到更大的實體——你。內在部分就會明白當系統的一個成員受傷或有了負擔，會影響到所屬的更大系統。

如果你的腳癢，你的手會自動去抓癢。當內在部分開始明白有一個「你」是它們的所屬，它們就會開始覺察到當它們之中有了負擔，就會影響到整個系統。它們自然會開始幫助照應彼此。它們成爲了系統思維者！它們逐漸信任眞我來領導內在與外在。所以它們支持你的外在助人，也知道你不會只是專注於外在。

所以當人們越來越眞我領導，就越來越會採取行動療癒人類與我們的地球。在此時此刻，各方面都極需更多的眞我。想像一下如果所有的領導者都知道眞我領導，並加以實踐！這是多年前我接收到的大願景，並一直推動著我。我從來沒想到我與其他人在此生可以走到這麼遠，但我們已經完成了很多，我不再覺得這是癡人說夢。

Exercise

體驗練習：內在消防演習

現在我要邀請你嘗試一個練習，幫助你體驗我所說的真我領導。我要你來想生命中的一個真正觸發你的人（過去或現在）。也許他們讓你生氣或傷心，或許他們讓你在某個時間封閉了你的心。

在你的腦中，讓那個人自己待在一個房間，暫時無法離開。現在透過某種窗戶觀看那個人，你從外面看著那個人（你不在房間中，很安全），要他們做出或說出讓你難過的事，觀察你的身體與心理在保護者跳進來時的狀況。也就是觀察你的保護者對你的肌肉，心跳有何影響，感覺你有什麼衝動。也檢查你的呼吸。我們只是觀察保護者內在部分對你身心的衝擊。

現在再次從這裡看那個人，感覺透過這個保護者的眼睛來看他。向保護者保證，你不會進入那個房間，它可以放鬆一點。看它是否願意把它的能量與你分離，因為你現在不會讓自己有危險。如果它願意把能量抽出來，你會發現你的身心立刻有明顯的轉變。

你的肌肉現在是什麼狀況？還有你的心跳？你的呼吸？也注意你心裡的狀況。再次觀察房間中的人，看是否有些不一樣。這個人現在看起來如何？

然後再次觀察那個跳進來的保護者。現在它與你分得更開，看你是否能對它感到好奇。如果可以，問保護者為何感覺必須對這個人如此強硬。如果它不為你這樣做，它擔心會發生什麼？

回答那個問題，它可能會說出它保護的內在脆弱，你可以對它努力保護那些內在部分表達感激。看看它對你的感激有何反應。然後問它，如果你可以療癒那些內在部分，讓它們不那麼脆弱，它是否還那麼保護它們？它有沒有其他想做的事？

我們在這個練習不會進入關著觸發者的房間。但我要你想像如果這麼做是什麼情況。如果你進入房間時感覺更為真我領導，那會是什麼情況？對你與那個人的關係有何影響？

如果要你想像讓你覺得有些困難，那或許是因為你的保護者仍不信任可以安全讓你這麼做。如果你能感受到困難的程度，傳達給保護者知道，並且問它要怎麼做才能讓它信任你來領導這樣的觸發者。如果它還是不敢信任你，就詢問更多細節。

等感覺時間到了，謝謝這個內在部分所做的任何事。感謝它容許你去做或讓你知道的任何事。最後，把你的注意力轉回到外界，有必要就深呼吸。

在這項練習，如果你的保護者讓開了，你大概會發現很大的轉變。你與保護者的對話，大概會讓你知道它所保護的內在部分有多脆弱。因爲這項練習不會療癒那些脆弱內在，它在被療癒前大概不會信任你，但去了解爲何它不信任你處理那樣的人，還是很有趣的。

你也可能注意到當保護者退開時，你的身體感覺到不一樣了，房間裡的人看起來也會不一樣。也許看起來沒那麼凶惡了，也許你還可以看到那些驅使他們去傷人的痛苦回憶。

Exercise

體驗練習：悲傷者冥想

我想讓你來嘗試一個類似的練習。不是找觸發者，我要你想一個你曾經陪伴過的傷心人——極為悲傷與受創，也許正在哭泣。花幾分鐘想這個人，然後同樣放進隔離的房間。透過窗戶觀看他們表現傷心與悲哀。

你觀看時，注意你的身體與心裡有什麼狀況。注意你對房間中的人有什麼想法（就算你對那些想法不是很自豪），注意對此人起反應的不同內在部分。感覺這些內在部分如何影響你的身體。它們如何影響你的心跳或呼吸？你的肌肉，你的衝動？你也許注意到有內在部分讓你難以觀看房間中的人。也許它們感覺缺乏力量、想退縮、跑走、封閉內心，或採取看似保護的行動。

挑出其中一個內在部分，進一步認識它。讓它知道此時你不用做什麼，那個人將待在房間中。它可以放鬆一些，也可以離開。如果它離開，觀察明顯的轉變，用新的眼光再次觀看那人，想像如果你的內在部分容許，你可能會如何來對待那人。

如以前的作法，把你的注意力轉回到保護者，問它如果不這樣對待你，它會擔心發生什麼事。它為何不信任你與那人共處？當感覺練習完成了，你可以感謝保護者的努力，開始把注意力轉回到外界。

這兩項練習示範了如何加強眞我領導。要讓你去觀察干預你觸及眞我的內在部分，然後了解那些內在部分，幫助它們信任你（你的眞我）是來處理困難的人。如果這是完整的內在家庭系統療程，我會讓你取得許可去找保護者照料的內在部分，療癒它們。等你這麼做了之後，你的保護者會更信任你的領導。

你的保護者通常不會信任你去做困難的保護任務，因爲它們認爲眞我太溫柔，只能照料與慈悲。我的經驗是眞我具有與人好好相處的八本質，包括清明、自信與勇氣。所以當你用眞我的透澈眼睛看到有人傷害你的內在部分，你不會把那些人看成怪物。清明讓你看到他們的行爲是來自於他們自己受創，你也可以清楚看到他們對你的內在部分所造成的傷害，沒有混淆。意味著如果有必要，你有勇氣與自信來與他們有效地設下界線，而且非常有力量。

重要的是幫助你的內在部分信賴你去應對他人，設下保護它們的界線，事實上，如果它們信任你這麼做，效果會更好與強大。理想上，這是一種無執著而有力量的保護。當你進入了觸發的情況，你會想觀察你的身心狀況。你會開始發現「入口」，讓你更能了解需要保護的內在部分。如果你有治療師或熟練的內在家庭系統練習者，你可以尋求支持來進行所有的療癒步驟。這麼做之後，你的內在部分會越來越信任你，將來就不會那麼容易被觸發。

關於內涵與超越

本章結束前，我想稍微深入地探索眞我領導的一些條件。首先，當你找回了你的流放者，解放了你的保護者，你會有更多的覺知。不只是因爲你更能體認眞我，也因爲你體驗到許多童年的情緒，你以爲成年後就遺忘的。這意味著你更能感受到流放者的驚奇、快樂與共鳴，以及它們的痛苦與恐懼。好消息是，因爲眞我領導意味著你更知道如何安撫那些內在部分，它們的情緒不會像以前那樣讓你難以承受。你比較不會冷漠，而是更加投入——你真正關心這個領域的情況。

同時，你可能有足夠的眞我波狀體驗，知道宇宙比你內在還要多更多，宏觀來看，一切都很好。如此一來，你就更不執著於這個領域的事情。

眞我領導意味著平等尊重這兩種眞相：

- 內涵（immanence）：完整觸及我們的人性。
- 超越（transcendence）：或可稱作解脫，即知道外面還有更多。

當我們想否認我們的脆弱，我們就與心失去連結。當我們沒有認知我們的神聖，我們就與智慧客觀失去連結。眞我領導意味著願意站在兩種領域——感覺內在部分的強烈情緒，同時保持連結超越的波狀覺醒心智。如果你能在自己心中維持兩者，你就可以對別人維持兩者。

有些冥想傳統鼓勵放下對外在世界的關切或盡可能抽離出來。對一些創痛生還者，這種方式有很大的吸引力，因爲他們對世界的體驗是艱辛與痛苦的，能暫時脫離會得到舒緩。幫助你體驗你的超然眞我，有些靈修也認爲你的個人歷史（創痛等）其實並不重要——那是你的自我對塵世的一種執著，應該要超越。但透過內在家庭系統的透鏡，這種作法只會造成更多的流放者，或是把已經有的流放者推到更遠。我不認爲有這個必要。你可以眞我領導，長時間隱修，甚至活得如僧侶，也不用閃避你的流放者。

社運人士經常會批評靈修信徒。愛森斯坦表示：「如果房子失火了，你會坐在那裡冥想，透過念力創造出瀑布來滅火？譬喻中的房子正在我們四周被燒掉。沙漠越來越擴大，珊瑚礁死亡，最後的原住民被消除。而你處於其中，冥想著梵音。」當然，對此批評的駁斥也很直接：除非你創造出眞我領導的內在世界，你在外在世界的作爲只會成爲保護者領導，因此對於你想要對抗的毫無用處（有些情況甚至更糟）。

基於這個理由，我們追求一種平衡。重要的是完整審視你內在與外在行爲的動機。世界上的苦難是不是讓你難以承受，想要逃避？如果是，你可能要先處理你的流放者，才能找到平衡。你成爲社運人士是不是因爲你想要大家都知道你是個好人，或你是被過去的負擔所驅使？

現在比以往更需要眞我領導的人不退縮，積極參與世界。然而，要眞我領導就必須花時間於內在。我知道很多領導者，包括我自己，找到了適合自己的內在／外在節奏。平衡了內涵與超越，就可以同時療癒內在與外在世界。

如大衛・德林格（David Dellinger）在散文集《革命性非暴力》（*Motivation and Personality*）所言：「先改變人還是改變社會？我認爲這是假的二分法。必須同時改變兩者。如果你只改變自己，不關心改變社會，就走歪了。如果你只改變社會，但不改變自己，就走歪了，如一九六〇年代末常見的情況。說同時可能有點太誇張，因爲我認爲有時候必須專注於一方面。有時候在一個社會，一個文化，只適合強調一方。我要說的是，絕對不要單獨忽略了內在世界或外在世界，內在的平靜與外在公義達成的平靜。」

僕人式領導與感染

對於內在練習的一個常見反對理由是會讓你更加自我中心。我的經驗是相反的。我們越讓內在部分放下負擔，就越不需要物質或獎勵來滿足我們的空虛。我們也感覺更能連結其他人，我們的身體，我們的眞我，以及大我。

儘管我是個不太重視物質的人，但在研發與推廣內在家庭系統的早期，我的流放者渴望被關注，這種渴望妨礙了我傳達其力量的能力。還好過去十年療癒了那些內在部分，更能從眞我來傳授內在家庭系統。現在有人會說我很謙虛，但眞正的謙遜是要努力才能做到的。我做了很多內在工作來療癒我的流放者，花了時間處於波狀，我開始明白內在家庭系統不是我一個人的。我這些年來以我的願景接收了它，還受到許多人的幫助，內在家庭系統之於我，成了一項贈與和福佑。

眞我領導也可以稱爲「無私」領導，聽起來很像《僕人領導學》的作者，即僕人式領導理論發明人羅柏·格林里夫所說的：「這是來自於一個人想要服務的自然感覺，服務優先。有意識的抉擇讓一個人想要領導。這個人與領導優先者截然不同，後者可能是需要緩和追求物質財富的強大驅動力……差別在於關注服務他人的最高優先需求……那些人是否有所成長？被服務時是否變得更健康、更聰明、更自由、更自發、更可能也成爲僕人？對於社會最底層的人有何效果；是否獲益或至少不會更被剝奪？」

說到服務，我所擔心的是自我犧牲的內在照料管理員。太多領導者流放了自己許多內在部分，他們會左支右絀，筋疲力竭。眞正的僕人式領導是要領導者觸及眞我與所有內在部分。然後他們領導的組織才會反映領導者的內在和諧與連結。

這就談到了重要的題目：「感染」（contagion）了，也就是所謂的「共鳴」（resonance）。內在保護者會感染，亦即當系統的一個成員（特別是領導者）與一個內在保護者溶合時，通常會啓動其他人的保護者，組織的文化就會充滿了那種保護能量。同樣的道理，眞我領導的人會帶出周圍其他人的眞我。如一根震動的音叉會讓一段距離之外的音叉震動，**系統中有眞我出現，會幫助保護者放鬆，引出組織中的其他眞我**。

就如前面提過的物理學的共鳴現象。因爲我們的粒子狀眞我是震動能量場的一種層面，它會與其他人的眞我共鳴。物理學家越來越認知到宇宙的一切都不斷在震動或旋轉，有不同的頻率，連靜止的物體也是如此。他們也注意到當兩個物體互相靠近時，會以同樣的頻率震動——它們會同步化。

身爲治療師，我時常如此提醒自己。在我見個案之前，我會花一分鐘要我的內在部分後退，讓我來體認眞我，因爲療程的成功端看我能帶入多少眞我。我很高興能訓練一些國際企業的資深顧問，讓他們面對個案之前有類似的準備。更大的目標是幫助企業與政治領袖觸及眞我，這樣能帶出企業或國家的廣大眞我，眞我的能量場就可以感染整個文化。

心流

到現在為止，我們探討的是眞我領導如何顯現，處於粒子狀的眞我成為內在與外在世界的主要領導者。在這種情況時，你知道自己在做什麼，也許是照料你的內在部分或抗議不公不義。那麼當眞我處於波狀時呢？會不會你存在卻不知道自己，或甚至眞我？

佛教稱此為「無我」（anatta）。你沉浸於某種活動，身體行動毫不費力，失去了分離感。心理學家、《心流：高手都在研究的最優體驗心理學》作者米哈里．契克森米哈伊在一九七〇年代稱此狀態為「心流」（flow），研究過許多類似的狀況。他發現當人進入心流時會覺得非常愉快滿足，行動只是為了行動，而不是外在的獎勵。常見的例子如陶醉的爵士樂手或沉浸於創作過程的藝術家。

我有時在運動時會有這種體驗。我會暫時失去了身為人的感覺，身體流暢而有效率。我在大學打過美式足球，偶爾運動時會感覺時間慢了下來，但我完全知道該怎麼做，不用思考。我可以輕鬆繞過阻擋者，而他們就像被定格般緩慢動作著。

我教導內在家庭系統時，有時會進入類似的狀態。彷彿言語自然流出，不需要先想——我就像是某種媒介。我感到全然的平靜、自信與清明，但沒注意到我有這些感覺，因爲我只是存在。這些時刻非常讓人滿足，所以我也這麼投入教學。之後如果有人喜歡課程（或我），我會很高興，但那不是我的主要動機——我喜歡心流的感覺，我也覺得我正在完成此生的使命。

我相信心流說明了所有內在部分都完全配合了行動的目標或快樂，它們的眞我與你的眞我溶合。也就是它們暫時消融了，你處於非二元的波狀，雖然你仍然在這個世界上活動。

這些心流的經驗不是日常生活的常客，因爲我們大多與內在部分溶合，它們的內在運作保護我們安全，有功能與快樂。當你放下負擔，你的內在部分越來越信任彼此與你，你會感覺越來越整合，對目標也越來越清楚，你的生活也會越常處於那種流暢的狀態。

除了那些心流經驗，許多人在生命中有難忘的時刻，他們瞥見了純粹的波狀眞我。愛麗絲·華克的著作《紫色姐妹花》中，主角西麗丈夫的情人莎格描述她的此刻：「但有一天我安靜坐著，如一個無母親的孩子，我也眞的是如此，一種感覺突然來襲：那種屬於一切，完全沒有分離的感覺。我知道如果我砍一棵樹，我的手臂會流血。我笑著，哭著，繞著房子跑。我只是知道。事實上，這種感覺出現時，你絕不會搞錯。」

對許多人而言，這種瞥見通常會改變生命。心理學家史蒂夫．泰勒（Steve Taylor）在著作《在沉睡中醒來：爲何會發生覺醒體驗與如何使它們永久化》記錄了各種文化與時期的人用類似的方式描述這些經驗。他們不限於古人或知名的神祕修士。似乎超過三分之一的我們至少有過一次這類經驗，少數人會經常有。以下是書中描述的類似之處：

- 感受到一切合一。「我們開始覺察到，例如一棵樹與一條河（或你與我），唯一的差異是像海洋中的兩道波浪那樣不同。事實上它們以及我們，都是同一個海洋的部分。」
- 覺察到我們不僅連結到世上的一切，我們也觸及「更穩定，更深入，更擴展的自己，無法被拒絕所傷害，不會總是渴望關注，沒有壓迫自我的焦慮。」
- 對周圍的人感到慈悲與愛，也同感於對「整個人類，整個世界。」
- 一種新的清明感與智慧，包括了一切皆好的平靜感。「我們開始感覺一切皆好，以一種奇異的方式，這個世界不是科學所描述的冰冷無情……而是良善的。不管生活中有什麼問題，世界充滿了暴力與不公義……一切皆好，世界是完美的。」

- 一股震動的能量貫穿我們身體，伴隨著強烈的愉悅感。「這不是因爲什麼才有的愉悅……本來就有，一種自然的存在狀態。」
- 對死亡的恐懼減輕，認知死亡只是一種轉變。

我在冥想時有這類的經驗，迷幻藥治療機制的研究者也認同這些經驗。例如，在約翰霍普金斯大學研究迷幻蘑菇的瑪莉．柯希曼諾（Mary Cosimano），她也是使用其中迷藥成分「psilocybin」，接受過訓練資歷近二十年的專業嚮導，領導過大約四百次體驗，她在報告中寫道：「迷幻蘑菇可以重新連結我們的眞實本質（我們的眞我），找到我們生命的意義……我相信我們眞我的本質是愛。」

我們要如何判斷這些經驗與共通性？許多人覺得這是與上帝交流，把它當成神祕或靈性的體驗。另一方面，有些科學頭腦的人如醫生亞歷克斯．黎克曼（Alex Lickerman）把這些經驗解釋爲不過是腦部活動，他在著作《一個世界：幸福的新心理學》說：「開悟經驗的描述如此一致，理由很直接：開悟的生理狀況不是幻覺傳染或神祕法則或超現實靈體，而是腦部本身的神經生物學……所有已知可以導致開悟體驗的事情（從冥想到癲癇到心理致幻藥物），都可以在腦部產生可測量的相同變化。」

比較不物質化（掃興）的神經生物學詮釋：如果這些經驗可通往純粹的眞我，那麼同樣的腦部區域會關閉是合理的。對我而言，眞我不是一種腦部狀態。**眞我是我們內在與四周的一種靈性本質，如能量場，可以讓腦部的思考部分安靜下來**。我希望有一天能夠研究內在家庭系統中觸及眞我的人，看看是否關閉了同樣的腦內部分。

從我的觀點，這是超個人心理學家肯恩．威爾伯（Ken Wilber）所謂的「一瞥體驗」（peek experiences），我們瞥見了一直存在的眞我。只是通常被我們的內在部分與負擔所遮住。我們的確是與上帝交流，如果眞我是我們內在的上帝。

泰勒的研究所列出的特質與稍早提到的八本質極相似：連結與清明（我們屬於同一個海洋）；平靜與自信（一切都很好）；慈悲與勇氣（不再畏懼死亡），以及好奇（對整體經驗的敬畏）與創意（經常提到的領悟）。

這些觸及純粹眞我，感覺連結一切的一瞥體驗是否創造出不同的心智？研究人員凱蒂．戴貝爾（Kate Diebels）與馬克．黎瑞（Mark Leary）發展出一個簡短的「信仰合一量表」，把一個人對此的信仰程度連結到他們的價值觀。他們的表使用以下六項信仰：

1. 在表面之上，一切基本上都是一體。
2. 雖然許多看似分離的事物存在，它們都是同一整體的部分。
3. 在現實的最基本層面，一切皆一體。
4. 個別事物的分離是幻象；實際上一切皆一體。
5. 一切都由同樣的基本物質組成，不管是所謂的靈魂、意識、量子過程，或什麼。
6. 同樣的基本本質貫穿一切存在。

他們發現在此表上分數較高的人比較能夠認同與感覺連結到遠處的人與自然。他們也比較能夠同情其他人，因爲感覺連結到共通的人性、共通的問題與共通的缺陷。（參考自史考特．巴瑞．考夫曼文章〈如果每個人都眞的相信一切都是一，會發生什麼？〉〔What Would Happen If Everyone Truly Believed Everything Is One?〕）換言之，體驗到純粹眞我的狀態可以改變人。分離的帷幕落下，他們體驗到我們連結的現實，他們內在與外在都變得更爲眞我領導。

雷夫．德．拉．羅沙認爲至少他的佛教見解符合這種情況，他在著作《猴子是信使：冥想和你忙碌的頭腦想告訴你什麼？》中表示：「也許看起來是我們必須在這種時刻產生開放、清新、愉悅、歡喜或寂靜的感覺。但從佛教的觀點，這種存在狀態已經在我們之中，從一開始便是如此。我們很希望認爲也許內在有著無限且等待被發掘，同時我們去其他地方追尋。那不是我們可達成的東西，而是我們的追尋止息後剩下的東西。只有當我們放下無止盡地想要成爲其他人的渴望，最後剩餘的就是我們更深的本質。」

PART3
身體內的真我
VS.
世界中的真我

Chapter 9

生命課程與折磨者老師

我們在這裡學習一套特定的生命課程，而課程計畫早已經在我們之內。我們每個人都有來自家庭與文化的傳承負擔，我們每個人也都在路上累積了很多個人負擔⋯⋯所以我們的課程計畫始於放下那些負擔，並且準備好迎接最重要的課題——弄清楚我們究竟是誰。

首先，我們來弄清楚我們不是誰。必須辨識出我們內在部分所背負的，掌管我們生活（通常無意識）的極端信仰與情緒，然後決定那些東西並不屬於我們。在路上，我們認識了真我，成為真我領導。不用說，這趟旅程不總是直線的或平順的。

我花了一段時間才明白我不是無價值與可悲的。那只是我的流放者背負的信仰，來自於一個受挫的父親。多年來我在世界上的運作良好，但我總感覺我在騙人，我努力追求成功來對抗那種懷疑。當我與其他人相處時，我不願意放下防衛，擔心他們會看到真正的我，揭穿我的表演。甚至當我在冥想時體驗到真我之後仍然如此。事實上，在我研發內在家庭系統時，那些流放者仍會闖入，提醒我是個可悲的失敗者，尤其是當我沒得到我想要的正面回饋時。

就像許多追求成功的人，我沒有處理那個流放者，直到我被迫去處理。內在家庭系統團體中的朋友告訴我，我的保護者阻撓我成爲一個好領導者。我終於認眞考慮他們的回饋。這非常困難，意味著要去認識與幫助我內在的這個小男孩放下負擔，它被困在過去的時刻，我父親對它吼叫，說它毫無用處。

我的大部分已經知道我不是毫無用處，但這個孤獨的小傢伙不知道。找回它，讓它放下負擔後，它也學到了這個道理，然後它變成了一團內在喜悅。此時，當我追求成就的部分放鬆後，我就可以更充分享受生活，知道我不是無價值，而是可愛與能愛的人。這種刻骨的了悟讓我更有勇氣把內在家庭系統帶進一個多疑的世界，直到今日仍然繼續。

這個故事的重點是：**我們是神聖的生靈——我們的內在部分也是，地球也是**。太多人到死都不知道這個道理。我們願意繼續努力，就是希望內在家庭系統可以改變這種情況。

當我們知道我們是誰（處於眞我），我們將自動從八本質連結他人，所以我們知道如何有效溝通。好的溝通觸及平靜、清明、創意與慈悲。就像許多其他的表現，主要的挑戰不是精通特定的技術，而是要說服讓你瞻前顧後，害怕失敗的管理員來信任你的眞我領導。

達成之後，修補破裂的人際關係就不會像以前那樣困難，因爲你更能夠處理剩餘的，或那些感到羞愧的內在部分。你可以向那些內在部分保證，你的錯誤不會讓你變壞，你也不會像小時候那樣受到懲罰。除此之外，你可以與其他人的傷痛共處，而不會需要去修補或改變傷痛，因爲你可以這樣與你自己傷痛的內在部分共處。**我們與自己內在部分的相處直接反映到我們如何與類似那些內在部分的人相處。**

同樣的道理，如果你不畏懼自己的憤怒，當別人對你憤怒時，你就能夠保持眞我領導。別人對你的批判並不會觸發你自己的內在批判者，因爲你知道自己是誰，也因爲你那些內在批判者已經退休或擔任了新角色。所以我們人際關係的許多障礙，是因爲我們畏懼其他人的行爲會讓我們內在系統陷入混亂。當眞我領導時，這種混亂就消失了。

學習這些生命課程，成爲更眞我領導，我們很幸運有許多優秀的老師。我說的不是那些大師、傳教士、教授，或父母；如果他們已經學成了，他們當然可以幫助你學習課程。實際上，我說的是那些觸發你的困難事件與人們——你的折磨者老師們。它們折磨你來讓你知道該療癒的內在部分。也就是說，它們觸發的情緒通常也是有價值的「入口」。如果你不與那些情緒或信仰溶合，而是去調查與保持距離，它們會帶領你找到關鍵的流放者，就像我那個無價值的小傢伙。

折磨者老師非常有價值，因爲你通常不會覺察到那些內在部分，直到它們或它們的保護者被啓動。你的管理員們把它們埋藏到內在深處，你一無所知。你也許對它們有一種隱約的煩躁感，但你的管理員們會設法讓你分心，你就不會去到那裡。

我很幸運在生命中有許多折磨者老師，就算我當時並不知道，例如我的父母。許多折磨者老師是我的個案，尤其是那些對我最輕微的轉變都非常敏感的個案。他們有很厲害的內在部分偵測器。只要我稍微分心、不耐煩或強勢，他們就會提出暴動警告。雖然通常是過度反應，我很快就知道直接指出是完全無用的，我開始重視這些情況。就算個案對我的動機或對於他們的想法有很大的誤解，他們通常正確地偵測到我內在必須被探索的保護者。我會向個案道歉，我覺得這麼做非常有療效，因爲他們通常擁有未曾被證實的直覺。然後我在療程之間會去找我自己的治療師，協助我來追蹤與療癒我所發現的內在部分。

我妻子珍妮值得讚美，我們在一起之後，我受人稱道的正面改變都要歸功於她。她挑戰了我的粗心、自戀與過度工作的內在部分，很痛苦，但最後帶來療癒。我們是彼此極佳的折磨者老師！我很自豪地說，我們仍然如此幫助彼此療癒，尤其是在大吵之後。

儘管本章一開始說我們在這裡是要學習特定的課程，我總是難以接受新時代信仰中，認爲一切事情都是設計來教導我們的。我也不喜歡西方對於業障的誤解概念。我們遭遇壞事，與生命課程或我們在今生（或前世）的所作所爲無關。話雖如此，**當內在部分被觸發後，去關注與照料它們絕沒有壞處。**也許一項課程是讓它們信任你來處理你面前困難的人與事，如我溺水時那樣。

如果你認眞接受此一觀點，那麼生命就成爲一連串有趣的機會，來學習你究竟是誰的重大課程。當然要一八〇度大改變來進入下一項課程並不總是那麼容易。你的保護者通常會極具說服力地說，你面前的折磨者才是眞正的問題，當然，有時候它們是正確的。但就算如此，它們帶來的課程是去信任你的眞我來照料它們，盡你所能來引導互動。

Exercise

體驗練習：升級版內在部分地圖

在第一章你已經做過這個練習，但本章是進階的版本，在這個練習中，你將會使用折磨者老師來找到與處理你被人事所觸發的任何內在層面。

以下是我個人的例子：我上午努力準備一次講習，突然發現我忘了與我的五個兄弟進行一次重要的多人通話來處理一些商業交易。還有一位律師也在電話上，我是兄弟中唯一沒有在場的。我是六個兄弟的老大，我不是典型的那種大哥，因為我大概是最不負責任的一個。我們長大時，我父親對我這方面十分嚴厲。我有一個批判者在我搞砸時可以唯妙唯肖地模仿我父親，我立刻發現那個內在部分今天現身了。雖然它這些年來改變了不少，當我犯下了任何重大錯誤，它仍然會老戲重演。那總是會帶出一個流放者，意味著我會發現一股羞愧湧上全身。

之後我覺得非常失望。我對自己努力了這麼久，我以為我超越了那種程度的內在反應。但由於我致力於利用這種情況來成長，我立刻打給了與我做交換療程的人，用這整件事當成進行療癒的焦點。

我說出這個故事來啓發你去想起一個狀況，你願意進一步探索與認識其中的內在部分。但在你開始之前，我要你更進一步地去認識其他內在部分所保護的流放者。你不會真正靠近那個流放者，但對於某些人，光是得知了流放者就會引起觸發。如果練習時感覺承受不住，就暫停練習，檢視自己，提醒你的內在部分，你還在那裡。如果有幫助，就回去練習；如果沒幫助，就跳過去。

想起你被某件事觸發的時候。你想著那個情況，觀察被觸發的內在部分，然後從那個內在部分挑一個保護者來觀察。然後把注意力完全放在保護者上，在你的身體內或身體上找到它，觀察你對它的感受。如果你對它有任何極端的感覺，例如害怕它，那只是你的另一個內在部分，所以就把注意力放在上面一會兒。

如我們稍早的困境練習，觀察它們兩個——原先的保護者與對它有意見的那個內在部分，看看它們如何在你之中爭吵。你也可以觀察是否有其他保護者跳進來支持某一邊，甚至採取了第三個立場。

到目前為止，我們沒有與這些內在部分互動；我們只是感受你生命中這個觸發的脈絡。我們要認識目前參與的保護者。到了某個時候，你觀看著你的保護者們起舞，看你是否能對它們更開放心胸，認識它們。如果你做不到，沒關係——

只要練習觀察。如果你對這一切活動感到有趣，那麼就個別去問它們保護什麼弱點？如果它不採取這種立場，它擔心什麼？

如果你的保護者們回答這個問題，你會開始了解驅動這些極端反應的流放者。不用直接去找那些流放者，看你能對它們有什麼感受。你能猜到它們的樣子嗎？你能更覺察到它們的脆弱嗎？

當你更了解你的保護者們想要照顧什麼，也許能讓你對它們更開放心胸，因為你更能感受到它們要處理什麼，以及風險有多高。這些保護者通常就像軟弱孩子的父母。它們為了保護孩子會爭吵與極化，只因為擔心孩子受到傷害的風險太高。與現實世界的父母差別只在於這些保護者當父母還不夠大——它們通常很年輕，自己就是個孩子，而且已經忙得不可開交。

讓它們知道你了解這一切。告訴它們，你會繼續與它們在一起。讓流放者們知道你覺察到它們——你今天無法去看它們，但將來你仍會嘗試幫助它們。切記，**內在世界的事情對於外在世界有極大的影響**。

現在讓你的注意力回到外在世界。你要離開你的內在世界，但你不會忘記它們。

對於一些人，我想這個練習會有點困難，特別是當你認識了流放者。知道它們在那裡可能讓人有點不安，雖然我說不要去找它們，有時候你會感受到它們的痛苦或恐懼或羞愧，還有它們背負的各種信仰。對於想要一直壓制它們的保護者而言可能有點麻煩。感覺有點無法承受是很常見的，我了解這會很困難。通常當我們碰觸到了流放者，就算只是一下子，感到害怕的保護者或想要批判你的內在部分會有很大的反撲。但如果你能保持客觀，了解那只是因爲它們害怕，你就可以安撫它們，幫助它們想起你是誰。也許可以幫助你站穩腳步。

你有勇氣、自信、清明、感覺連結、腳踏實地。如果你感覺有東西說你不是，只要知道那些訊息是來自於不知道你是誰的內在部分。別忘了它們通常認爲你比實際年齡更小。最好是不要完全與它們溶合到它們的世界，而是安撫它們，分開它們，幫助它們相信，這些探索雖然很困難，但你可以去做，因爲你不再是個小孩，你是來這裡幫助它們。

Exercise

體驗練習：以慈悲安撫內在被觸發的部分

如果上一個練習觸發了你的一些內在部分，這個練習可以協助你處理。

進入那個內在世界幾分鐘後，觀察你的身心有什麼狀況。如果觸發了任何內在部分，不要與它們溶合，而要觀察它們。要它們離你稍遠一點，讓你可以與它們共處，但不用成為它們，從比較分離的狀態對它們的觸發抱持好奇，問它們為何如此困頓。它們想要告訴你什麼？當你與它們共處而不成為它們時，看看你是否能安撫它們，告訴它們你還在那裡。提醒它們，你不是那麼年輕了，你也可以幫助它們。你了解這是困難的工作，讓你的某些內在部分很害怕，但你會在那裡陪它們。

你用這種慈悲的方式與這些內在部分共處時，提醒它們，你一直在照顧它們與你自己很久了。你擁有智慧來幫助大家感覺更好，你會把智慧付諸行動。等感覺時間可以了，把注意力轉回到外在世界。

我希望你能夠做這些練習，更認識你的保護者與它們保護的東西。當我進行伴侶療程，個案雙雙發生衝突時，我會要他們暫停，觀察內在，進行這些練習。當我妻子與我爭吵時也會這麼做。我們都會暫停，花點時間觀察自己，專注於內在，找到正在發言的內在部分，聆聽它們，觀察它們要保護什麼，然後回來面對彼此，以更開放心胸的狀態來為那些內在部分發言。我們這麼做之後，會有極大的不同。我們不一定會完全成功，但通常會比讓我的保護者接管發言要好很多。

太多的互動是保護者的戰爭。在企業、家庭與政治上比比皆是。如美國這樣的國家充滿了極化，因為每一邊的內在部分接管控制來發言。當一個內在部分極化之後，會讓另一邊的保護者同樣極化，或甚至更極化，整個互動會越來越膠著。當兩邊都不信任整體的領導者，有很多流放者時尤其如此。各層面的人類系統皆是如此。

我帶領訓練了認為這個方法有幫助的冥想者、衝突解決專家，以及社運人士。言詞如「我的一部分被你剛才所說的觸發了，在那部分之下有一個感覺受創的部分」所傳達的訊息不同於「我很不喜歡你剛才所說的」，也會導向可預料的不同結果。眞我領導代表我們的內在部分並不只是花時間進入內在世界，也是如何活在外在世界，與其他人和他們的內在部分建立關係。

Chapter 10

內在的物理法則

電影《美麗境界》講述的是知名數學家約翰．納許的故事，影片一開始觀眾並不明白他們所看到的一切都是透過主角內在偏執部分的眼睛。這是個絕佳的例子，說明了保護者完全溶合時的經驗。

到了某個時候，納許離開了他的內在偏執（劇中角色特務威廉．帕契），我們跟他一起明白，那只是接管了他心智的一個內在部分。不理會帕契來約束帕契，讓納許的餘生可以正常生活。對我而言，這說明了覺知的練習是有幫助的。

在內在家庭系統，我們採取另一種步驟。我們會去找帕契，了解它要保護什麼。在電影結尾時，納許看著帕契，帕契在一片草原上回望著他，旁邊站著一群小孩。他們都很淒涼地目送納許與妻子離開。納許拋下了他的保護者與流放者。

你所有的內在部分都在裡面等待著你。它們值得你的愛與關注。但在接近我們畏懼的內在部分之前，原始或憤怒的情緒會席捲而來，我們學習要那些部分別完全淹沒我們，向它們保證，如果不壓制我們，我們比較能夠聆聽與幫助它們。如果有任何一個內在部分同意不壓制我們，它就不會這麼做。這是內在世界的物理法則之一。

這個法則讓你能接近流放者而不會變成它們。你也許會感受到它們的一些情緒，與它們溶合到某種程度，但只要有那種約定存在，它們就不會像過去那樣接管你。在我從事內在家庭系統這麼多年以來，這項約定從來沒有被違背過。

原來內在部分可以控制它們的壓制能力。這很難讓人相信，因爲當個案打開門接受流放者時，通常都會被情緒所淹沒，感覺完全失去了控制。有時保護者也是如此。我們在一些練習中發現，保護者可以完全與你溶合，你會透過它們的眼睛看事情，採用它們的想法。

這項內在物理法則被證明極具價值，當我們面對非常敏感、受創，或重度診斷的個案，非常害怕被自己內在部分所壓制，尤其是流放者，這項法則讓我們可以進入內在系統，而不使用其他創痛療法常用的著陸技巧（grounding skill）。我們所需要做的只是請一個內在部分別壓制我們。如果它同意，它就不會這麼做。當內在部分認爲（通常很有理由），若不能完全取得控制就會再度被我們鎖住關起來，它們就會壓制我們。外在世界的人類被放逐者也是如此。

當一個個案被壓制，例如在我的辦公室裡恐慌發作，那是因為我們沒有事先與害怕的流放者達成約定。在那種情況下，我不會要個案深呼吸，凝視我的眼睛，或感受著陸。我只會說：「我看到一個很害怕的內在部分出現了，我要你讓我直接與它對話。」然後，當我與那個內在部分對話時，我會讓它知道它很受歡迎，我很高興它能夠掙脫出來。我也讓它知道，如果它不介意分離它的一點能量，讓我的個案也能與它共處，我們就更能夠幫助它。多數時候，恐慌的內在部分會相信我，我的個案就會立刻感覺腳踏實地著陸，再次觸及他們的真我，對恐慌的內在部分感到慈悲。如此他們就能與那個內在部分共處，而不會成為它。

如果納許來找我進行療程，開始談到那些想要害他的人，我會問他，我是否能與那個說出這些可怕故事的內在部分直接對話。他也許一開始會抗議說那不是內在部分，那就是他自己，但我會堅持下去。如果他能讓我直接與帕契對話，我會問帕契，如果不接管控制，它會擔心什麼？同時我會安撫它，如果它讓納許與它共處，我們就可以療癒它所保護的內在部分。也許要進行數次療程，才會讓帕契信任我而願意分離，而且當它分離後，納許就可以看到它而不會變成它，納許就可以感謝它的努力保護，這時就可以開始療癒帕契想要保護的流放者。

這個內在物理法則一直很有效。我在這裡鄭重向你保證，如果你的一個流放者或保護者在練習時接管控制，一定可以勸說它們再次分離。

趁此我想提出另一個相關的內在物理法則，你會在本書中的一些治療實錄上找到。**如果你處於眞我，沒有恐懼，就沒有任何內在部分能壓制你**。這個法則也是我數十年來沒有看過被違背的，別忘了我的個案中有些內在部分非常可怕，甚至決心要傷害或殺害他們或其他人。當我們一起進行療程時，個案畏懼了一輩子的內在部分（感覺像眞正的怪物或惡魔），突然對他們完全失去了力量。本來想要控制或威嚇的內在部分變得軟弱無力，因爲個案看到了那個內在部分的眞相，他們明白那個內在部分是被困在一個角色之中。

話雖如此，重要的是，要知道如果一個人很害怕，這些內在部分通常背負著討厭的負擔，很能夠讓人傷害自己或他人。所以關鍵是處於自我，不要被恐懼驅使。也要記住內在部分不是表面上的模樣，如果你能與它們平靜共處，它們就會透露它們的秘密歷史，讓你知道它們是如何被迫進入這些極端的角色。它們也會說出它們要保護的是什麼，然後你就可以幫助那些內在部分也轉變。

對我而言，這個第二項內在物理法則有其靈性之處。如果眞我是內在神聖的一絲顯現，那麼未被溶合的眞我就不會畏懼內在世界的任何東西（包括了明顯的邪惡），反而會強力地，但也是慈愛與有效地療癒與轉變它。

提醒！好好照料自己與你的內在部分

此時你已經幾乎看過了本書所有的練習。因此我要進一步提出一些建議或觀點。首先，如果你踏上了這趟旅程，你也許會發現你的內在系統有點混亂。你有勇氣去測試一種不同與反文化的方式來了解自己與內在部分，剛開始也許相當令人困惑。如果你是單獨一人，周圍的人不了解，難以支持，就更可能如此。

我要讚美你的勇氣，更要提醒你繼續這趟旅程時，重要的是好好照料自己與你的內在部分。對於它們的懷疑或挫折反應要有耐心。要舉行很多次的內在會議與討論，提醒你的內在部分，你是誰與你不是誰，你是如何關心它們，願意幫助它們。

這也意味著去傾聽了解可以在外在世界幫助它們的事情。也許是與某些人保持距離，與某些人建立更多連結。也可能意味著多接觸大自然、練習瑜伽與放鬆的冥想、泡鹽浴、觀賞你的內在部分喜歡的電影或電視節目（也許不是你喜歡的）。通常如果你願意聆聽，它們就會告訴你什麼事情有幫助。當神經心理學家與內在家庭系統訓練者法蘭克·安迪森（Frank Anderson）進行藥物評估時，他會讓病患詢問內在，他們的藥物是否有幫助。他們的內在部分會讓他知道如何調整劑量或改變藥方。

我提出這些照料自己的建議，是因爲下一個練習可能特別讓人困惑。

Exercise

體驗練習：處理背負傳承負擔的保護者

我們有一句格言：所有的內在部分都是受歡迎的。話雖如此，有些內在部分是我們更為畏懼或羞愧的。

如你前面的練習，先花一點時間把環境弄得舒適些，如果有幫助就深呼吸，像是準備冥想那樣也可以。先與你已經處理過的內在部分交流一下。看看它們的情況，提醒它們，你在那裡與它們共處，你關切它們。

我想如果在美國或其他有種族歧視歷史的國家長大，就必然會背負著傳承負擔（雖然我發現有些國家的人不會）。不管你是哪個種族，不管你做了多少反種族歧視的努力，很可能還有內在部分背負著那個負擔。我喜歡戴斯蒙・屠圖（Desmond Tutu）主教說的一個故事：他搭飛機時很高興看到執勤的是兩位黑人飛行員。但是在飛行中發生了一些技術上的問題，屠圖發現自己竟然擔心起飛機上沒有白人飛行員！

這個故事指出，我們所有人內心都有種族歧視。如果我們對那個內在部分的反應是羞辱它去流放，我們只是創造出更隱約的種族歧視，意味著有更多的盲點，讓更大的種族歧視系統保持運轉。

所以，我邀請你去觀察這個內在部分——種族歧視者。滋養著白人至上信仰，時常在你腦中說出糟糕的事情。我與很多人做過這個練習，我發現就算有些人剛開始時，很誠實地沒有覺察到自己的種族歧視，只要有耐心，最後一定都會找到。

我不是要你去接觸那個內在種族歧視者。我只要你去觀察你對它的感受。當另一個內在部分發言時，尤其是那個叫你感到羞愧或畏懼的種族歧視者，只要讓那個保護者知道，讓你接近內在種族歧視者可以幫助它改變，告訴保護者，它們的流放作法並不真的管用。

目前只要能承認內在的種族歧視者存在，也許就足夠了，承諾你會與能夠幫助你的人來進一步處理。以下是內在家庭系統的一些輔助建議：

- 內在種族歧視者只是你的一個內在部分。你大部分並非如此。
- 那不是什麼無法處理的種族歧視。就像你所有的其他保護者，這個內在部分也可以被放下負擔與轉變。
- 有這個內在部分不需要感到羞愧。種族歧視是一種傳承負擔，十分廣泛且常見。
- 如果你像我與我所治療過的其他人一樣，這個傳承負擔感染了很多內在部分，所以就算你讓其中一個放下負擔，如果沒有完全消失，你也不用感到失望。

最後你也許會發現這個內在種族歧視者也是一個保護者，你需要療癒它所保護的流放者，才能讓它放下負擔。或那個內在部分只是背負著種族歧視的文化傳承負擔，當你讓它知道可以放下，它會非常樂意這麼做。

一如往常，當你覺得你來到了可停止之處，謝謝你的內在部分所做的努力，回到外在世界中，去做一些讓你放鬆的事情，好好照料自己。

我父母積極參與民權運動，我一輩子都認爲自己也很積極，或至少支持改革。但當我決定更直接來處理種族歧視的議題時，我很震驚發現自己也有內在種族歧視者。我不知道爲什麼，但那是我最難以放下負擔的一個內在部分，我仍偶爾會受到襲擊，必須溫和對抗那個內在部分的衝動與信仰。它非常年輕與害怕。我覺得很多人也是如此，我在這裡的一個目標是消除討論種族歧視的極化，促進更多的開放，揭露我們內在的眞實情況。

在你能夠讓內在種族歧視者放下負擔之前，光是覺察到它們就足夠了。如果你能找到一個，可以主動用慈悲的方式提醒它，你知道它背負著那些信仰，但那些說法與想法並不正確。如果你與內在種族歧視宣戰就會有問題。我在本書中一再提到，與內在部分宣戰通常只會強化它。如果你流放它，假裝它不存在，通常你只是要讓自己感覺好過，更難以讓它放下負擔，也更難以承受它可能造成的傷害。

我鼓勵你對其他讓你感到羞愧或恐懼的內在部分採用類似的處理過程，也許是讓你有色情幻想的，或讓你覺得川普很偉大的，或對朋友的失敗暗自竊喜的，或相信男人確實比女人優越的。我們都有不願意承認的內在部分，連對自己都不敢承認。大致上，這些內在部分都是年輕而被誤導的內在小孩。就像被誤導的外在孩童，值得我們的引導與愛，而不是責罵、羞辱與流放。

治療實錄：處理安迪內在的歧視，修補傷害

你大概猜得到，我很高興內在家庭系統可能幫助放下內在種族歧視與否認或冷漠的負擔——這些負擔阻礙我們去了解系統化種族歧視所造成的痛苦與修補傷害。我與一些團體和個人做了實驗，以下的療程說明了一些過程。

最近的一次網路訪問，訪問者安迪是白人，積極參與反種族歧視運動，容許我來處理他的內在種族歧視者。

里查：安迪，如果你願意，可以處理你的內在種族歧視者會很棒。

安迪：我願意。感覺有點危險與脆弱，但我如果不願意就不會來了。

里查：好，專注於你背負種族歧視信仰的那個內在部分，也許有時候會說一些種族歧視的東西，看你是否能在你身體內或身體上找到它。

安迪：我想它也許有兩部分，一個在我嘴唇四周，另一個比較難找到。

里查：好，讓我們先看看你嘴唇四周的，觀察你對它的感受。

安迪：他也許五或六歲，處於一個特定的記憶中。我覺得對他有一些慈悲。

里查：讓他知道，看他如何反應，是否願意告訴你更多那個場景。

安迪：那個場景是在一家餐館，跟一個我很喜愛與信任的大人一起，那是我第一次看見黑人——我在郊區長大，過著很封閉的生活——所以我問這個大人，為什麼那個人的皮膚那麼髒。那只是孩童的好奇心，但跟我在一起的那個大人對此很難為情，從我旁邊退縮，走向那個黑人向他道歉，並叫我別再問那種問題。今天這個內在部分告訴我，他仍害怕它的好奇心會傷害那個大人，也許傷害跟那個人膚色一樣的其他人。

里查：問他是否還活在過去那個場景中。

安迪：沒有，但他還是擔心那兩個人不是很和睦。

里查：好，那就回去與他共處，幫助他去看看他們的情況，他們需要什麼。現在問他想要你在那裡陪他做什麼，或幫他做什麼。

安迪：他只要那兩個人有所連結——他喜愛與信任的大人和那個黑人，所以我要幫助他做到。他感到很高興！現在他感覺完整了。

里查：好，我們來把他帶出那個場景，去一個他喜歡的地方，看他是否願意放下他當時所背負的信仰與情緒。

安迪：好，他很樂意。

里查：他都背負在哪裡？

安迪：在他的喉嚨裡。（小孩安迪讓一切從喉嚨出來，變成了光。孩子感到快樂與輕盈，勇氣進入了他的身體，知道大人也會受創，他可以幫助大人連結。）

里查：你提到一個比較難以捉摸的。看看現在你是否能找到他。

安迪：有點難以描述，但出現的影像是一條蛇或繩子，捲繞著我的脊椎。

里查：你對他有什麼感受？

安迪：有點害怕。

里查：這個過程有一個規矩，只要你不害怕，就沒有任何東西能傷害你，去看看害怕的內在部分能不能去一個安全的等候室，我們來認識這條蛇。

安迪：好，現在我對他感到好奇了。他讓我知道他害怕我看到它。

里查：問他擔心會發生什麼？

安迪：他擔心我所愛與關心的許多人會受到傷害，他們會反過來傷害我們。所以他覺得保持隱形比較好。因此他捲曲躲藏起來。有時他會根據人們的長相來判斷——膚色與臉部特徵。他知道那樣是有傷害的。

里查：告訴他，我們會幫助他放下讓他那樣想的東西。我們不會讓他對任何人說出有害的話。

安迪：這個內在部分從我十三歲時就在了，因為我在中學時被當成了流放者，由於我的體重，我的奇怪興趣，我所交往的人，以及不跟我交往的人。他發展出來的一種防衛是總感覺自己比其他人優越。長久以來，他受到了很惡劣的待遇，必須躲進內在。

里查：讓他知道你了解了——他會開始評判他人來感覺自己好一點是說得通的。

（內在部分讓安迪看到另一個餐廳的場景，他與他的一群朋友被一個受歡迎的女孩藐視，他退縮了，感覺受辱與憤怒。安迪進入場景，幫助孩子看到女孩的行爲與他無關，並幫他跟那個女孩談話。孩子非常吃驚，因爲他相信不能對抗受歡迎的人，等安迪爲他這麼做之後，他準備好離開，安迪帶他回到了現在。）

里查：看看他現在是否準備好放下他從那時候背負的東西。

安迪：好，他準備好了──他的肩膀與脖子都被壓彎了。他無法直視別人，必須抬頭才行。

里查：他想把那些東西放入什麼？

安迪：火。（孩子把肩膀上的一切都放入火中，現在他高了一尺。現在他明白如果他對別人，就如那個女孩對他，他可以跟那些人溝通與道歉。「看到我跟那女孩交談讓他大開眼界。」他說。然後孩子把眞我領導帶入身體，他描述：「能夠看到那個女孩的痛苦，她藐視我們來讓自己感覺好過。」）

里查：好，安迪，告訴那兩個內在部分，接下來一段時間，你每天都會來查看他們，然後回到外在世界。

在這很短的時間裡，安迪見到兩個內在部分，與他的反種族歧視工作有關。第一個由於對其他種族感到好奇而背負了許多恐懼——安迪必須努力才能在社會運動中克服。第二個內在部分用種族歧視來讓自己感覺好些，因爲「至少我比那些人好」。探索這樣的領域，**我發現內在部分有很多不同動機來抱持種族歧視或不參與反對**，但我所處理過的所有內在部分（包括我自己的）都很年輕，被困在困難的場景中，放下負擔時都感到解脫。

再說一次，這是內在家庭系統的一個核心信念：與任何內在信仰或情緒宣戰，時常會有反效果。傾聽與療癒它們才是更好的作法，以堅定但慈愛的眞我領導紀律來與它們建立關係，直到它們放下負擔。

探索你的黑暗面時，你也可能會遇到看起來不像內在部分的東西。我們有時會碰上相當討厭的聲音或影像，但它們也比內在部分更扁平。我們稱之爲「無附著的負擔」（unattached burdens），因爲它們似乎是內化的仇恨或邪惡，從來沒有附著到內在部分上，它們比較像是漂浮的負擔。有些心理交互作用系統稱之爲「內在投射」（introject）。但再次強調，內在物理法則之一是：如果處於眞我，而且不畏懼內在部分，它就無法對你產生影響。

Chapter 11

眞我處於身體中，恢復完整的你

當你的內在部分開始信任你的眞我，它們會打開更多空間讓你處於身體中。在那種情況下，你會有更多的感受與情緒，你也會更想讓身體踏實與健康。對身體的回饋更加敏銳，也會對有益或有害的食物或活動有更多的了解。你的行爲也會隨之改變。此外，你的流放者不再需要用你的身體來吸引你的注意或懲罰你的忽略，因爲它們可以直接與你溝通。我有很多個案解決了慢性病症問題；他們所做的只是去聆聽身體想說什麼，而不是殺了傳達痛苦的信使。

有些靈修降低了身體的重要性，甚至認爲身體會阻礙開悟。他們說身體的需求與欲望讓你執著於物質世界，但終極目標是超越物質世界。有些更進一步把身體與性欲妖魔化。但有些把身體視爲聖殿，要小心照料，因爲身體是靈魂的殿堂。這比較接近我們內在家庭系統對身體的看法。

內在家庭系統的一個主要目標，是增加你在內在與外在世界的眞我領導能力。眞我越能存在於兩個世界，兩個世界中的生靈就越能重新連結、和諧與平衡。但是**內在與外在世界要完整運作，眞我就必須觸及你的身體。眞我必須能夠處於身體中**。

如果你的內在部分容許你去做本書第二篇中的〈出發練習〉，你可以瞥見更多我所說的處於身體。如果它們不是那麼配合，通常它們會有一些過去的好理由，不讓你回到你的身體。

人們脫離身體有很多理由，但最多的是創痛。當你面對了特定的創痛，你的內在部分錯誤地相信它們必須保護你的眞我，所以它們把眞我推到身體之外，因此很多創痛生還者描述從身體之外（通常是上方）看著自己受到傷害。因此你的保護者會害怕回歸身體，因爲它們仍被凍結在創痛的場景中，認爲你還是創痛發生時的年齡，所以它們通常認爲它們是在保護很年輕的人。

然後，你從創痛得到的負擔似乎是內在世界很凝重的能量，占據了很多內在空間，所以不僅眞我脫離了身體，這些其他的能量讓你難以回歸身體。結果我們大多數人的生活不是完全處於身體中，意味著我們沒有把最佳的眞我領導帶到我們的內在與外在世界。

稍早提過，我大學時打美式足球。所以我經歷過無數次的迎頭衝撞，有些甚至導致腦震盪。就美式足球運動員來說，我算是身材較小的，我負責防守，這意味著我時常必須全速衝撞一個比我更高大，速度相同的跑衛。花了多年的內在處理，才讓我恢復了我在打球之前對身體情緒與感受的能力，而我之前並不是那麼敏銳。我父親有來自二次大戰，未被診斷的創痛後壓力症候群，他是巴頓將軍部隊中的上尉醫官，負責在解放的達豪集中營爲所有生還者補充水分。當他打我屁股時，他會憤怒地發抖。

我把這些經驗所感受到的憤怒都放到了球場上。當憤怒的消防員在比賽時接管控制，我可以撞翻其他球員，不在乎對我身體的影響。我的確幾乎感覺不到我的身體——只有在比賽結束一段時間後才感覺到瘀傷。力量的感受，腎上腺素激增，怒火的發洩，隊友的讚美，都是很有效的組合。回顧起來，我可以了解我們的消防員爲何如此能幹與讓人上癮。讚美處理了我的無價值感；力量，腎上腺素，與憤怒讓我內在的小男孩感到強壯與活力。在我的足球生涯結束很久之後，我還抱持著強烈的渴望，想把某些人撞翻。

附帶說明，關於我父親，我的某部分想要保持平衡。我也從他那裡得到很多好的特質。他是個眞正的科學家，在內分泌研究上很勇敢進取，他強烈地希望能幫助這個世界。這些也都影響了我的傳承。我父親也可以非常溫暖，所以當他暴怒時，會讓孩子感到更加困惑。

保護者讓你脫離身體的另一個理由是，如果待在身體中，你的流放者就更能觸及你。當保護者讓你稍微茫然、麻木，或待在頭腦中，你永遠不用去感受流放者的情緒，這意味著比較不會觸發它們。因此通常很難取得保護者的同意來回歸身體。它們很正確地擔心你會感受太多，讓你難以承受，因爲它們往往認爲你還很小，陷入困境。除此之外，當你的眞我沒有處於身體時，你的保護者更能控制你的生活，它們會抗拒你去處於身體中，因爲那樣就會放棄了保護的力量。

的確，通常是保護者說服你去使用藥物。藥物讓你有脫離身體的效果，因此可以減輕某些症狀。當你用藥時，你的消防員平靜下來，因爲你沒有那麼容易被觸發——你的感受減少了。然而，由於你的眞我比較沒有處於身體，就難以進行療癒。我不是說精神藥物沒有幫助，有些時候你的系統顯然需要冷靜一下。話雖如此，當你用藥時，如果無法進行什麼內在的處理，你也不要失望。

當然，有些藥物可以放鬆保護者，讓你觸及更多眞我。醫療用藥也有這種效果，有些甚至可以讓你更進入身體，但有些則常被保護者使用來讓你脫離身體。因此，有價值（也時常讓人驚訝）的是，去諮詢你的內在部分，用藥或冥想是否會讓你的眞我處於身體或脫離身體。你這麼做是想要促進療癒或閃避你的流放者？

其他脫離身體的原因包括：不健康的飲食、缺乏運動、某種成癮、過度操勞等。與其相關的是，執迷於自己的體型與外表（我們的身體羞辱與注重外貌的傳承負擔），導致更而多的節食與不斷的自我挑剔，這也是脫離身體。

我們很容易接受任何叫我們多運動、吃得健康、慢下來、多多冥想的對策。這些都有助於我們回歸身體，但**除非我們的內在部分都願意配合，否則它們最後會破壞我們的健康對策**。等我們療癒了流放者，成爲更眞我領導，去做對我們有益的事就不會那麼困難——我們會自然享受那些事情。我們的保護者停止去當巴士司機（它們開車也太年輕了），讓我們坐上駕駛座。然後它們可以協助導航或提醒我們路上的危險或速限，但它們會信任我們來駕駛，而我們以前的流放者坐在後座玩耍。

當你離開了駕駛座（有時甚至是被踢下車），你的內在部分就會暴動。它們爲了自己的目標而觸及你的身體，它們背負的極端情緒會影響你的身體。例如，你的管理員所懷著的恐懼會讓你的肌肉長期緊繃，尤其是你的背部、肩膀、前額與下巴。它們努力想要控制你的外表、行爲、言語與感受，就像它們努力想隔離你的流放者與消防員。

我接觸過的一些受虐生還者有管理員痛恨他們的身體。它們責怪身體有需求，讓它們有弱點，成爲吸引人的目標。它們說，「這些需求害你受創，所以我要讓你麻木，你就不會再有這些需求。」有些管理員讓他們變得不性感或不起眼，這樣就不會被掠食者注意到。或鼓勵他們禁食來控制胃口，減少需求。

這樣算是說得通，管理員想控制消防員，因爲很多消防員（如我喜歡打足球的內在部分，總想要衝撞人，是腎上腺素成癮者），它們選擇活動來釋放荷爾蒙，讓你感到高昂與有力量，或甚至恐懼，看它們是要讓你分心或保護你。但有些消防員採用不同的作法（它們比較懶），它們不去花費力氣，而是要你去服用藥物與食物，也有同樣的效果。

在〈消防演習〉的練習中，你透過窗戶觀看一個觸發你的人。我要你感覺你的身體被保護者接管控制，觀察你的身體有什麼反應。重要的是，要記住！沒有被觸發的內在部分也會影響你的身體，因爲它們被凍結在你過去被觸發的地方。許多消防員擁有完全接管控制的能力，因爲你過去依賴它們，你建立了讓它們接管的習慣，它們熟悉了那些有力量的荷爾蒙，是你在事件發生時所需要的。例如你的性愛消防員可以讓你的系統充滿了雄激素，你滿腦子只想要性愛。甚至當你的流放者被關起來，你無法在意識上體驗到它們，它們背負的痛苦、羞辱、恐懼與絕望仍在你的身體中，還有它們常用的壓力荷爾蒙，如可體松，所以還是需要消防員。你可能認爲你只是很喜歡性愛，而不了解那個內在部分是多麼努力想要保護你。

我也發現基於不同的理由，內在部分無法直接與你溝通時，會刻意針對你身體中不同的重要器官或系統。當你不聆聽一個內在部分，它沒有太多選擇來吸引你的注意力，或對你生氣時來懲罰你。它會讓你作惡夢、記憶閃現、恐慌症發作，或用更糟的方式搞砸你的身體。

我們都有基因上的缺陷或病症體質，我們的內在部分通常會知道。就像很棒的電影《腦筋急轉彎》描述的，我們的內在部分彷彿有一個控制台，它們可以隨意按下我們的身體按鈕。我有偏頭痛與氣喘的體質。如果我來到滿是灰塵的房間，我會有點氣喘發作，那與我的內在部分無關。但是如果有內在部分爲了什麼理由，它可以按下氣喘發作的按鈕，我就無能爲力。幸好不常發生，因爲我對此做了很多功課。類似的現象，我認爲許多醫療症狀至少是我們的內在部分所加劇或促成，因爲它們無法直接與我們溝通——我們越不聆聽，症狀就越嚴重。

我參與了一項關節炎研究，刊登在二〇一三年十一月號的《風濕病學》（*Journal of Rheumatology*）雜誌上。我們有三十六位風濕關節炎患者接受了六個月的內在家庭系統療法，他們與另一個四十人的風濕教育課程團體做對照組。我們要內在家庭系統的團體觀察他們的疼痛，對疼痛產生好奇心，詢問疼痛一些問題，如我們通常對待內在部分的方式。參與者主要是愛爾蘭裔的天主教徒婦女，從來沒有接受過心理治療，有強勢的內在照料者不讓她們好好照料自己。當她們聆聽了關節處的疼痛後，疼痛的內在部分開始回答她們的問題，例如「你從來都不照料你自己」與「我們要讓你無法動彈，你就不會繼續這樣」還有「我們要繼續這樣做，直到你聆聽我們」。內在家庭系統的團體開始傾聽那些內在部分，與內在照料者協商分享時間，她們的症狀於是開始改善了。經過第三方的醫師檢查，我們發現關節炎的生理狀況有顯著的改變。團體中有些人進入了完全的緩解。

換言之，當你拒絕聆聽，你會把你的內在部分變成內在恐怖分子，它們如果有需要會摧毀你的身體。很遺憾，我們的醫療系統（很像一個專制的政治系統），時常被設定要殺了信使，而不是幫助我們取得訊息。

治療實錄：讓蒂潔與慢性背痛和解

我提出下一個治療記錄來說明當我們不聆聽內在部分時，它們如何使用我們的身體。蒂潔是一位四十多歲的醫護人員，她想探索她在十七年前車禍後留下的慢性背痛是否有什麼心理因素。

蒂潔：我與下背部的疼痛糾纏了十七年，非常疲勞。以前我會忍受與運動，但我懷第二個孩子時發生車禍，等我傷好可以動了，疼痛便加劇。醫生說是關節炎或什麼的。我所喜歡的一切活動，如鐵人三項，都無法做了。我覺得我的身體背叛了我。我還增重了近十四公斤，這讓我感到羞愧。

里查：有很多東西啊。你想從什麼地方開始？

蒂潔：我不知道如何處理疼痛。我不知道疼痛是不是想告訴我什麼？

里查：我們可以查一查。我們要保持心胸完全開放——也許只是脊椎的問題。我們只是看一看。專注在疼痛本身——我想應該是你的背部。你觀察那裡，對疼痛有什麼感受？

蒂潔：我不喜歡它。我對它很生氣。

里查：我了解為什麼內在部分會生它的氣，但我要問它們，我們是否有機會用不同的方式來認識疼痛，它是否有什麼想要讓我們知道的。所以，請那些生氣的內在部分給我們一些空間，只要幾分鐘。（蒂潔同意了）現在你對疼痛有什麼感受？

蒂潔：我還是生它的氣。

里查：生氣的那個需要什麼才願意給我們一些空間？也許讓它有一些聲音？

蒂潔：有一個恐懼進來了，不願意去看那個憤怒。

里查：如果你去處理憤怒，問那個恐懼擔心什麼？

蒂潔：也許會挖出另一個的可怕的創痛。

里查：如果你挖出可怕的東西會怎麼樣？
蒂潔：它認為我會無法應付，或它會接管控制。
里查：問那個恐懼，它認為你多大年紀？
蒂潔：我很年輕。
里查：讓它知道你不年輕，看它如何反應。
蒂潔：它很震驚。
里查：設法說服它，你不是那麼年輕了。
蒂潔：現在它安靜下來了。它會讓我們去找那個憤怒的。
里查：現在你對那個有什麼感受？
蒂潔：還好。
里查：看看它想讓我們知道什麼。
蒂潔：現在有一個批判者說，「你太懶了，你什麼都不做。」
里查：那麼我們要處理批判者。你對它有什麼感受？
蒂潔：它很大。它很凶。
里查：所有被它傷害的內在部分能不能給我們一點空間？你要直接跟它對話嗎？

（她點頭）好，你在嗎？（點頭）你對蒂潔很嚴苛，對不對？你為什麼這樣對她？

蒂潔：她很懶惰，什麼都不做，她必須站起來。她又胖又醜又噁心。

里查：如果你不總是這樣說話，你擔心她會怎麼樣？

蒂潔：她會變成一百五十公斤的大胖子，失業，無價值。

里查：你想讓她保持身材，繼續工作。

蒂潔：我知道她有能力回到舒適與健康的體重。

里查：所以你關心的是體重？

蒂潔：不是，是健康。我要她做合理範圍內的一切活動。

里查：我懂了。當然你對她的背痛感到挫折。

蒂潔：太糟糕了。我會鼓勵她，然後她會放棄一切，因為她很痛。

里查：好，我了解你的困難。羞愧對你來說有用嗎？

蒂潔：沒用。羞愧讓她吃得更糟糕。

里查：你準備嘗試不一樣的作法嗎？

蒂潔：好。

里查：請你許可我們回去找憤怒的那個？

蒂潔：好。（暫停）現在我找不到憤怒了，因為它不允許。批判者說憤怒是無價值的情緒，沒有幫助。

里查：它能給我們機會來幫助憤怒嗎？那不只是一團憤怒，那是一個扮演角色的內在部分。告訴你的憤怒，它可以安全回來。讓它知道你對它很好奇，看它想要告訴你什麼。

蒂潔：一個阻擋者進來把一切都掃掉了。

里查：問它害怕什麼，如果我們與憤怒共處。

蒂潔：那樣會很糟糕。它會取得控制。

里查：告訴它，不會那樣的。

蒂潔：憤怒被關起來了，我應該放它出來嗎？

里查：好，讓它出來，看它想告訴你什麼？

蒂潔：阻擋者回來了。

里查：問它為什麼回來。

蒂潔：它要描述憤怒的樣子。憤怒是個可怕的大怪物。

里查：你距離憤怒有幾尺遠？

蒂潔：兩尺吧。

里查：告訴你的內在部分，如果你不害怕，就沒有任何內在部分有力量。叫你害怕的內在部分去一個安全的等候室。（她照做了）你現在對它有什麼感受？

蒂潔：有趣。

里查：好，讓它知道。（很長的暫停）它有什麼反應？它說了什麼？

蒂潔：我看到了車禍與恐懼。

里查：現在可以嗎？

蒂潔：可以。

里查：讓它知道，你真的想了解它的感受。

蒂潔：當時我懷孕，我兩歲大的孩子坐在我後面。我停在紅燈前。有一個批判的內在部分說不應該分享這個，只要繼續前進。

里查：把它放入等候室。對這些內在部分要堅決一點。

蒂潔：我正在講電話，因為停在紅燈前可以這麼做。突然間一輛車撞上我們後面，時速五十五里。撞擊非常猛烈，我們翻了過來，我與那個撞我們的女生面對面。我立刻進入了醫護人員狀態。我把孩子從後座抱出來，吼著下指令，沒發現我的頭正在流血。我很害怕我會早產。他們給我藥物讓我發狂來停止分娩。很可怕，我覺得很孤獨，我想我沒有真正處理過那段經驗。

里查：看那個憤怒的內在部分是否需要你取得更多東西。

蒂潔：我從來沒有對那個撞我的人發洩憤怒。根本沒有憤怒的機會，全身上下只感到疼痛與對孩子的擔心。我有多處受創。這與那個內在憤怒者有關係，我覺得我必須去那裡。

里查：讓憤怒的那個知道你現在準備好了。

蒂潔：現在它在我的肚子裡。它非常憤怒（她開始顫抖）。

里查：沒關係。只要與它共處。

蒂潔：有一個內在部分說生氣不好，但我對它太憤怒了。糾纏了我這麼久，仍然……

里查：好，它有權這麼生氣。讓它知道。它很受歡迎，它想要多巨大都可以。

蒂潔：我可以站起來嗎？

里查：好。站起來。

蒂潔：我好難為情。好吧……（以最高音量尖叫）

里查：很棒。這個內在部分現在可以在這裡真好。你現在對它有什麼感受？

蒂潔：它被困住了。真的被困住。

里查：現在它情況如何？

蒂潔：輕盈多了。

里查：好，問它我們是否需要帶它離開那裡，它是否還被困在那裡。（她點頭）好，我要你回到那個場景，陪伴那個憤怒的部分，以及還在那裡的任何部分，看它們需要什麼。

蒂潔：它們只需要被聆聽。它要我使用我的聲音。

里查：你有什麼回應？

蒂潔：它說得對。

里查：你也許需要處理其他不要你用聲音的內在部分。它準備好離開那個時空嗎？

蒂潔：是的。

里查：你可以看看是否還有其他部分被困在那裡，想要一起離開。

蒂潔：恐懼、痛苦、憤怒，還有討好人的部分，都想要離開。

里查：帶它們四個到一個安全舒適的地方。（很長的暫停）你帶它們去哪裡？

蒂潔：山上的一個木屋。

里查：它們高興嗎？

蒂潔：高興。

里查：好。讓它們知道，它們永遠不用回去那裡，你會照料它們。看它們是否準備好放下那時候的一些感受。

蒂潔：它們不相信我會照料它們。

里查：它們有理由不相信嗎？

蒂潔：有的。

里查：告訴它們，還有另一個計畫——你會繼續去找那些不敢讓你有聲音的內在部分。看它們是否準備好放下從那裡取得的情緒與信仰。

蒂潔：好的。

里查：你要把它們交給什麼？光、水、火、風，或什麼？

蒂潔：雪。

里查：告訴它們拿出體外，變成雪。只要拿出來。

蒂潔：好的。

里查：它們情況如何？

蒂潔：它們想要慶祝。

里查：告訴它們去邀請將來需要的特質進入身體。

蒂潔：勇氣、連結、自由、聲音。

里查：它們現在如何？我們來邀請那個批判者與所有其他保護者一起來，看它們有什麼反應。

蒂潔：有點高興。創意也想要回來。

里查：好。也帶創意回來。在我們停止之前，我們回去背痛那裡，看看它現在感覺如何。

蒂潔：現在沒有背痛了。

里查：問它們是否在背痛中扮演角色。

蒂潔：好，它們要我聆聽。已經好久了。

里查：讓它們知道如果又需要你的注意，你會聆聽。現在感覺完成了嗎？

蒂潔：對，但憤怒說別再把它縮小了。

里查：聽起來如何？

蒂潔：不是很溫和，但感覺正確。

里查：也許你可以道歉把東西縮小，並且很願意繼續與那些內在部分合作。現在感覺如何？

蒂潔：更輕了。很奇妙。謝謝你。

再次見到蒂潔是一年之後，她參加了我帶領的另一個研習營。她說從療程後她就沒有任何背痛了。重要的是蒂潔實踐了承諾，繼續自己處理那些內在部分。如果她沒有那麼做，疼痛可能會回來。

Exercise

體驗練習：感受身體冥想

這是我要提供的最後一項練習，與身體的一些概念有關。讀到這裡，你可能會思考你與身體的關係，也許是你的一些症狀。所以再強調一下，我不是說你的任何症狀或壓力都必然是內在部分造成的。除外，我並非暗示一切都是自作自受來引起羞辱。這完全不是我要傳達的訊息。不是「你」要那些症狀，只是一個小內在部分。通常那個內在部分完全不清楚它對你的身體或你的家庭所造成的傷害，一旦你終於傾聽那個內在部分，它就會停止。

現在我要請你專注於身體上，如果你有醫療症狀，可以專注於該處。如果沒有，就找身上某處不太像你的地方——任何緊張、壓力、阻塞、疼痛或疲倦。我們要找一個感受上的「入口」——來專注與開始這趟探索。我會給你一點時間來找到它。

當你找到之後，把注意力放在上面，觀察你對它的感受。你也許會感覺挫折或失敗或希望能擺脫它，這都是可以理解的。但我們在這裡要請那些內在部分給我們一點空間，讓你可以去認識它。如果可以，轉換到好奇的位置，問它想要你知道什麼？

再次強調，等待答案出現。你的所有想要猜測的內在思考部分可以放鬆，如果沒有答案出現，沒關係。可能只是生理狀況，與你的內在部分完全無關。但如果你得到了答案，那就與那個感受共處，彷彿它是你的一個內在部分，問它我們會問的問題。例如，「如果你不這樣對待我的身體，你擔心會發生什麼？」

如果它回答了問題，你就知道它是如何保護你，你可以對它表達感謝。但它可能不是一個保護者，它只是想傳達訊息給你。所以另一個有用的問題是，「你為何覺得必須使用我的身體？」意思是，它為何不直接跟你談話？最後的問題可以是，「你需要我怎麼做，你才不會這樣對待我的身體？」

當感覺時間到了，你可以謝謝內在部分的分享（如果它有分享），開始把注意力轉向外在，有需要就深呼吸。

這是練習與身體建立新關係的一個方法。每當有一種感受或症狀出現，注意觀察它。它想要傳達給你什麼訊息？

〈結語〉所有事物都值得去愛

你的內在世界是眞實的。內在部分不是想像的產物或你的心靈象徵；也不是更深意義的隱喻。它們是內在生靈，存在於內在家庭或社會，這些內在領域的情況對你的感受與生活有很大的影響。

如果你不認眞對待它們，你將難以去做你在這裡要做的事。你也許可以讓內在部分放下負擔到某種程度，但眞正有幫助的是全然投入內在世界，對待你的內在部分如眞實神聖的生靈。

如果你不認眞對待你的內在部分，你將無法成爲有效的內在領導者或父母。許多心理治療方法可以幫助你連結你的流放者的深層情緒，並得到某種程度的療癒。但如果你用表達受壓迫情緒的觀點來看那個過程，你將無法後續——而後續才是關鍵。

另一方面，如果你了解你有流放者眞正需要信任你，你就比較會盡量去探視它們。如此對待它們，才能永久地放下負擔，也才能學習到你的生命課程，例如，「所有的事物都值得去愛。」

當你能愛所有的內在部分，你就能愛所有人。當你的內在部分感覺被愛，它們會容許你從眞我來領導你的生活，你感覺與地球連結，你會想拯救地球脫出其他人的剝削內在部分。你會把眞我擴展到整個地球，這將有助於療癒地球。你也會感覺連結到更大的大我。

全世界的思維與溝通幾乎都是單一心智觀點，很難把內在部分當成眞實存在。我們總是彼此互問，「你想要什麼？」好像只有一個你。我們也問自己同樣的問題。然後我們說，「今晚我要出去。」雖然有時我們應該說，「一部分的我想要出去，另一部分的我想要留在家裡。」那種說法不是常態，甚至當有人那樣說時，意思通常不是另有一個人格。很遺憾，多重人格仍然被當成禁忌與病理化。

稍早在本書，我寫到眞我的感染。當你的眞我處於身體中，旁邊有其他人，他們不僅會開始感覺到你的眞我，他們的眞我也會現身，開始共鳴。你的保護者與他們的保護者會感受到房間內的眞我舒適度，開始放鬆下來，釋放出更多的體認眞我能量。

當我去幫助夫妻、家庭、企業，或其他組織時，經常看到這種情況。當人們在衝突時，能夠在體認眞我的狀態下去接觸他們就可以造成巨大的改變。我通常會要雙方容許我成爲內在部分偵測器，當他們的內在部分都上場時，我會暫停下來，然後叫所有人，包括我自己，進入內在，傾聽他們的內在部分，然後回來，以眞我的開放心胸基座來爲它們發言。

我也相信國家有內在部分與眞我，我們可以對各國領袖進行類似的過程，目前有企業顧問使用內在家庭系統這麼做。當然，保護者內在部分也會感染。大多數的極端化是由保護者與其負擔所驅使，它們的極端信仰與情緒，而其他人的保護者會讓情況加劇。我們太常看到國際間上演這種戲碼。

我最喜歡的一句俗語可用在這裡：**當水牛在沼澤上互鬥時，受害的是青蛙**。當我的保護者朝你衝去，它會傷害你的流放者（青蛙）。當你的保護者反擊我時，它會傷害我的流放者，以此繼續下去。我們的保護者都不容許我們表示受傷——我們都不會幫青蛙發言。我們只會讓我們的水牛繼續踐踏彼此。

對付如此惡性循環的對策，是雙方的眞我叫住水牛，安撫與關愛我們自己的青蛙，然後有勇氣讓對方知道受傷狀況。一旦雙方分享了流放者的經驗，氣氛就會明顯改變，就有可能讓慈悲來修補，找到雙贏的方法。

會有些內在部分試圖說服我們不要這麼做。它們會說這樣很軟弱，讓對方知道我們眞實的需求太自曝其短。事實上，當我們用眞我來溝通才會有眞實的力量。當我們這麼做，其他人會從我們的脆弱感受到力量。

我相信如此來照料我們的內在部分，體認眞我，用眞我領導溝通，不僅能創造更和諧的內在與彼此互動，也會帶來更多的眞我能量到地球上。**當一個系統有了足夠的眞我能量，療癒就會自然快速發生。**

這是我們所需要的。我們似乎活在人類歷史上的一個關鍵時刻，對眞我的需求從來沒有如此急迫。我以前認爲眞我沒有任何意圖，但我不再這麼想了。也許「意圖」不是最好的字眼，在我的經驗中，眞我的確有目標或欲望來促進連結、和諧、平衡與修正不公義。但不像我們的內在部分，眞我不會執著於達成目標，或至少不是立刻。眞我有更廣闊與長遠的觀點。

我相信個別的眞我是更大的大我的一部分，可以讓人類互動和諧。當你從眞我來行動或幫助其他人感染眞我，你將促成了大我的成長與能力來影響全世界。這樣不僅讓內在家庭系統治療師的工作更有意義，也讓我們較小、不爲人所見的整合或慈悲行動有所意義，包括愛我們自己的內在與外在小孩。

這種大我觀點幫助我們了解眞我與有負擔的內在部分能被感染，因爲它們全是大我的一部分。如果我們把地球看成是一個活著的有機生靈，那麼大我似乎越來越被我們對待地球與彼此的非人道作法所遮蔽。當我們看到右派國家主義領袖在不同國家竄起，使用同樣的卑劣操控伎倆時，彷彿那些國家都被同樣的黑暗大我所籠罩。

因此很重要的，我們彼此都必須放下負擔。這樣才可以減弱那種遮蔽的力量，強化地球的大我。我們必須一起努力，必須建立團體來支持這種看似違反文化的改變，因爲我們很難靠自己來維持。我們需要找到一些人，讓彼此知道我們並沒有發瘋，儘管其他人可能不同意。如果不是因爲有一小群人與我一起實驗，彼此驗證，我一個人無法堅持發展內在家庭系統。

總結一下，我有以下建議：

①我們盡可能從眞我來過日子，並設法幫助增加同樣的人。

②我們療癒（放下負擔）我們自己與彼此。

同樣道理，**我相信有辦法幫助大的團體來揭露與放下文化傳承負擔**，如種族歧視、個人主義、消費主義、物質主義與性別歧視。話雖如此，在這種大規模的工作中，我覺得也不應該輕忽放下我們自己個人負擔的重要性。除非我們的內在部分感覺穩固連結著我們，連結著地球，以及連結著眞我，我們就會有保護者渴望權力、仰慕、物質與地位——這些東西都會讓我們彼此分離，無法覺察到剝削地球的後果。

如果我們接受目前人類心智與人性本質的模式，這一切改變就都不可能發生。光是處理特定的問題並不足夠，例如綠色能源。因爲只要我們繼續把人類視爲自私、分裂與失去連結，我們與自己內在部分的關係就會越來越極端，我們目前面對的許多問題會用各種方式顯現出來。另一方面，挑戰如新冠病毒疫情與生態危機可能會打破我們的否認與文化優越感，容許新的模式空間。

當我們處於眞我時，我們記得連結內在部分，連結其他人，連結地球。我們視彼此爲神聖的生靈，給予愛與尊重。我們也記得與大我的連結，可以從那個意識層面接收到智慧的引導。當眞我領導時，我們自然找到自己的願景，付之行動，如此一來，物質就不會那麼重要。我們會放鬆與放慢下來。我們會擴大地球上的眞我領域，減少遮蔽眞我的負擔領域。

與你分享這趟奇妙的旅程眞的很棒。撰寫本書鼓勵我進一步探索、澄清與鞏固我對於內在家庭系統的靈性層面，對此我心存感恩。在過程中，我找到與處理了我自己的幾個內在部分——那個用我父親聲音來斥責我這一切都太不科學了、那個擔心我太自以爲是地宣稱世界應該如何如何，還有那個仍然懷疑內在世界眞實性的（儘管已有數十年的證據）。

當我讓這些內在部分都放下負擔時，我感覺到對此機會的純粹感恩，感激各位對這些理念產生興趣一讀，並且讀到最後。但願大家都覺得有所幫助，願眞我與你同在！

國家圖書館出版品預行編目資料

沒有不好的你：風行全球的內在家系統 IFS，徹底翻轉你我的生命／
里查．史華茲（Richard C. Schwartz）著；魯宓 譯. -- 初版.
-- 臺北市：究竟出版社，2022.03
272面；14.8×20.8 公分 --（心理系列；73）
譯自：No Bad Parts：Healing Trauma & Restoring Wholeness with The Internal Family Systems Model
ISBN 978-986-137-358-4（平裝）

1.CST：心理治療
178.8　　111000525

Eurasian Publishing Group 圓神出版事業機構　究竟出版社 Athena Press

www.booklife.com.tw　reader@mail.eurasian.com.tw

心理系列 073

沒有不好的你：

風行全球的內在家庭系統IFS，徹底翻轉你我的生命

作　　者／里查．史華茲（Richard C. Schwartz）
譯　　者／魯宓
發 行 人／簡志忠
出 版 者／究竟出版社股份有限公司
地　　址／臺北市南京東路四段50號6樓之1
電　　話／（02）2579-6600．2579-8800．2570-3939
傳　　真／（02）2579-0338．2577-3220．2570-3636
總 編 輯／陳秋月
副總編輯／賴良珠
責任編輯／張雅慧
校　　對／張雅慧．賴良珠
美術編輯／金益健
行銷企畫／陳禹伶．曾宜婷
印務統籌／劉鳳剛．高榮祥
監　　印／高榮祥
排　　版／杜易蓉
經 銷 商／叩應股份有限公司
郵撥帳號／18707239
法律顧問／圓神出版事業機構法律顧問　蕭雄淋律師
印　　刷／祥峰印刷廠
2022年3月　初版
2024年6月　4刷

NO BAD PARTS: Healing Trauma & Restoring Wholeness with The Internal Family Systems Model

定價350 元　ISBN 978-986-137-358-4　